Dessin

Premières leçons

Dessin

Premières leçons

Lucy Watson

Editions OUEST-FRANCE

Publié pour la première fois
en Grande-Bretagne en 2006
par Dorling Kindersley Limited
80 Strand, Londres WC2R 0RL, Royaume-Uni
Une société du groupe Penguin

Pour l'édition française :
Édition : Catherine Dandres Franck
Assistante d'édition : Hélène Pouchot
Réalisation : Nord Compo, Villeneuve-d'Ascq (59)
Traduction id2m

Visitez le site des Éditions Ouest-France
www.editionsouestfrance.fr
N° d'éditeur : 5226 01 06 02 07
Dépôt légal : février 2007
ISBN : 2 7373 4038 1

Imprimé et relié en Chine par
Hung Hing Offset Printing Company Ltd

Sommaire

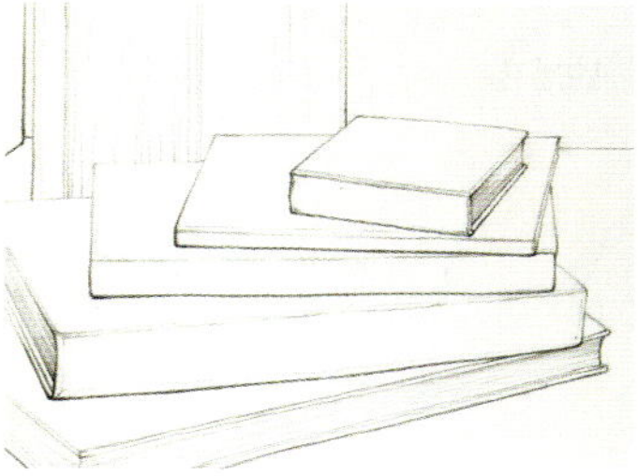

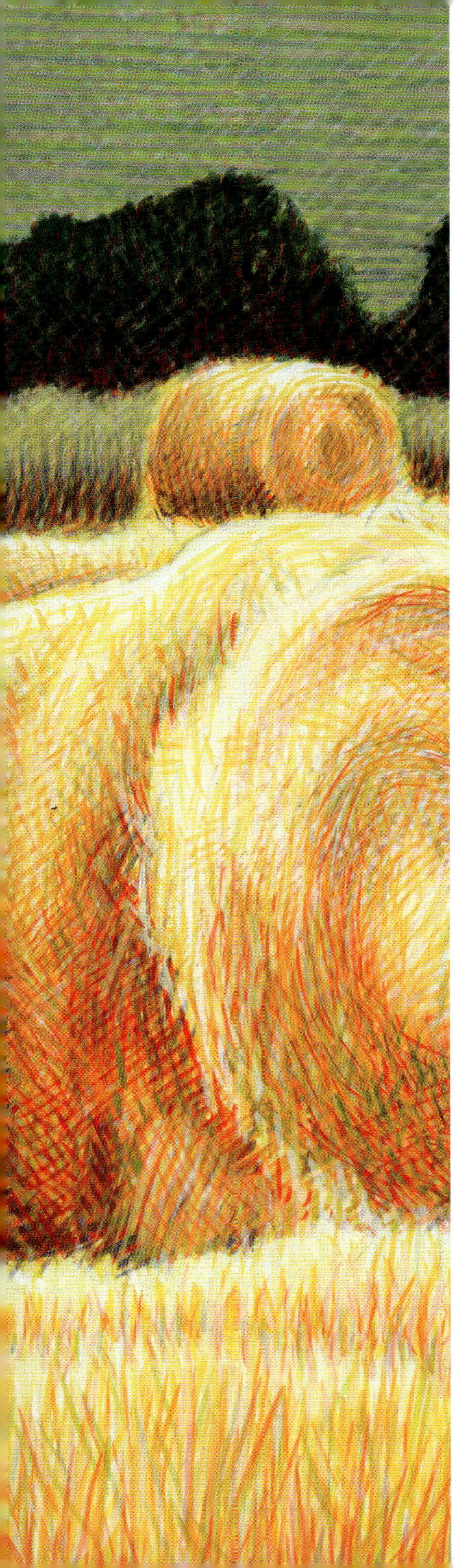

Introduction

Enfants, nous étions fascinés par le monde extérieur. Mais, au fil des années, notre cerveau a appris à aller à l'essentiel, se concentrant sur les informations utiles pour s'orienter, reconnaître un visage ou accomplir n'importe quelle action. Le dessin, lui, privilégie l'observation minutieuse, une approche qui nous permet de redécouvrir le quotidien, de remarquer des détails longtemps ignorés et de nous émerveiller du monde qui nous entoure.

Dessin et perspective

Par son analyse rapide des différentes scènes offertes à l'œil, le cerveau a tendance à supprimer les effets de la perspective : il sait qu'un bus conserve les mêmes dimensions, qu'il soit proche ou éloigné ; il se concentre sur les traits du visage en ignorant le vaste espace qui constitue le front ; il est conscient que les lignes horizontales des bâtiments ne sont pas penchées. En dessin, il vous faut réprimer cette conception logique et vous fier à vos yeux. Si un bus situé au loin paraît plus petit, dessinez-le comme tel. Si vos mesures indiquent que les yeux sont placés à mi-hauteur de la tête, ne les positionnez pas plus haut.

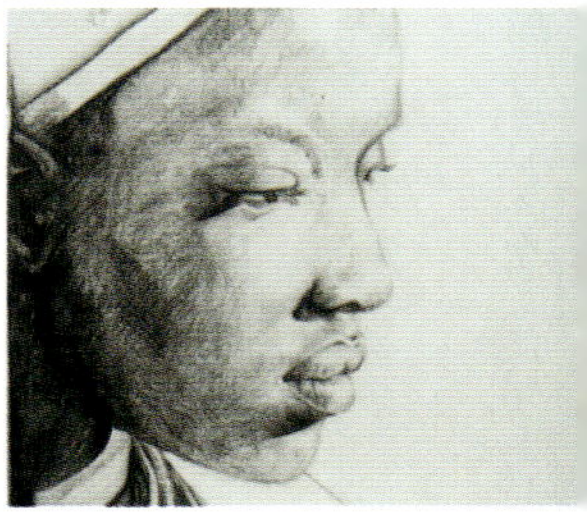

Et faites pencher les lignes horizontales si vous les voyez ainsi. Ces règles élémentaires de perspective confèrent du réalisme aux dessins. Vous les assimilerez rapidement en vous perfectionnant. Depuis la représentation par Cézanne d'une nature morte intégrant plusieurs angles de vue, vers la fin du 19e siècle, la valeur de ces règles du dessin réaliste, qui régnaient sur l'art occidental depuis la Renaissance, reste discutée. De nombreux artistes ont renoncé à nous présenter le papier comme un objet en trois dimensions, s'attachant à exploiter sa texture. Ils n'aspirent nullement à créer l'illusion de densité et de distance. Mais pour pouvoir vous affranchir de ces règles, il vous faut les connaître et les maîtriser. Lorsque vous serez en mesure de créer un portrait reconnaissable et dessiner une silhouette en utilisant le raccourci, vous pourrez étirer et déformer à votre gré vos créations. Et dès que vous saurez représenter un chemin serpentant jusqu'à de lointaines collines, vous pourrez alors délibérément aplanir vos paysages.

L'indispensable carnet de croquis

La pratique régulière du dessin garantit des progrès rapides. Dessinez chaque jour dans votre carnet de

croquis les éléments marquants de votre journée. Couchez sur le papier vos sentiments et vos pensées en toute liberté. Essayez-vous aux compositions et croquis miniatures, et griffonnez tout ce qui attire votre attention.

Le dessin est synonyme de spontanéité et de liberté. N'ayez pas peur de faire des erreurs et acceptez vos limites : paradoxalement, vos possibilités se multiplieront. Optez pour des formats de plus en plus importants, testez différentes techniques et osez la couleur. Le dessin est un art à part entière, mais constitue également une base de la peinture.

L'objectif de cet ouvrage est de vous montrer la différence entre la vision classique et celle du dessinateur. Des artistes professionnels vous apprendront à représenter ce que vous voyez, que vous utilisiez le crayon graphite, le fusain, le feutre, etc. Lorsque vous vous serez familiarisé avec le matériel et les techniques, les projets vous aideront à mettre vos connaissances en pratique. Vous pourrez ainsi vous libérer de la frustration des esquisses qui ne reproduisent pas parfaitement ce que vous avez en tête, et retrouver la passion qui vous animait lorsque, enfant, vous dessiniez.

Matériel et techniques

Dessin au crayon

Les crayons sont les meilleurs outils de dessin. Polyvalents, ils permettent de travailler le trait et le ton, peuvent être emmenés partout et s'effacent facilement. Lorsque vous utilisez un crayon, gardez la main souple et placez-la assez haut, loin de la pointe, pour obtenir un tracé fluide : ne tenez pas votre crayon comme lorsque vous écrivez, votre croquis paraîtrait crispé.

CRAYONS GRAPHITE

Ils existent en différentes graduations, selon la dureté de leur mine, de 8H ou 9H, les plus durs, adaptés aux traits fins et légers, à 8B ou 9B, les plus tendres, utilisés pour les ombres, les traits épais et foncés. Pour débuter, choisissez un B, un 2B, un HB et un H. Les porte-mines n'ont pas besoin d'être taillés. Les blocs de graphite, plus gros, se prêtent bien aux dessins de grande dimension.

ASSORTIMENT DE CRAYONS

B — 2B — 4B — Porte-mine — Mine de plomb, corps verni — Mine graphite hexagonale

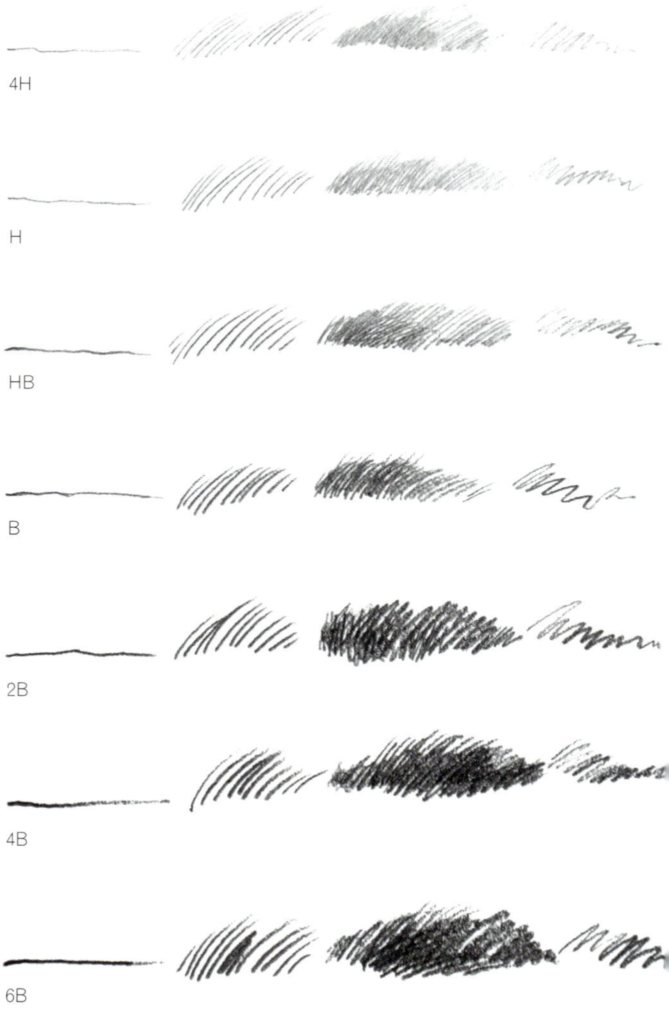

Graduation et trait Les crayons H sont parfaits pour les tracés fins et les détails les plus précis. Les crayons B sont mieux adaptés au dessin et aux dégradés de tons. Plus ils sont tendres, plus ils créent des tons noirs veloutés. La graduation HB, intermédiaire entre tendre et dur, est la plus utilisée.

GOMMES ET TAILLE-CRAYON

Les gommes mie de pain malléables et les gommes plastiques dures permettent d'effacer les traits, que ce soit pour corriger le dessin ou créer des blancs. Taillez vos crayons avec un taille-crayon ou un scalpel.

Taille-crayon

Gomme mie de pain

Gomme plastique

CRAYONS DE COULEUR

Procurez-vous au moins 12 ou 24 crayons de couleur, achetés à l'unité ou en assortiment. La très vaste gamme disponible permet de dessiner tous types de sujets (paysages, portraits…). Ces crayons sont idéaux pour les traits et autorisent différentes techniques de superposition et de juxtaposition des couleurs.

Traits au crayon de couleur Il se prête à de nombreuses techniques. Vous pouvez tracer des contours, réaliser des hachures parallèles ou entrecroisées, gribouiller, mélanger différentes couleurs ou associer des traits pour colorer une surface.

TENUE DES OUTILS

Gardez le poignet souple et le dos droit, ne vous courbez pas sur votre feuille de papier. Testez différentes positions – pour les ombres, par exemple, prenez votre crayon comme si vous alliez lancer un frisbee. Tenez-le fermement, puis de manière plus souple, et observez la différence. Réalisez d'amples mouvements du bras pour fluidifier votre style.

Crayon

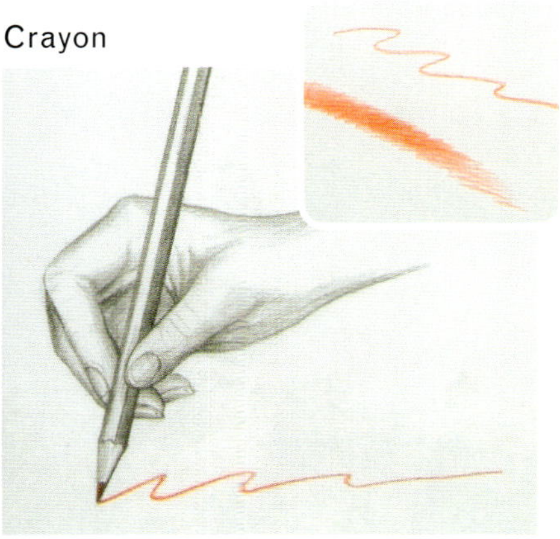

Plus vous le tenez près de la pointe, mieux vous maîtrisez le trait et les détails. Si vous le tenez plus haut, vos mouvements seront plus fluides. Relâchez et décontractez vos doigts.

Fusain

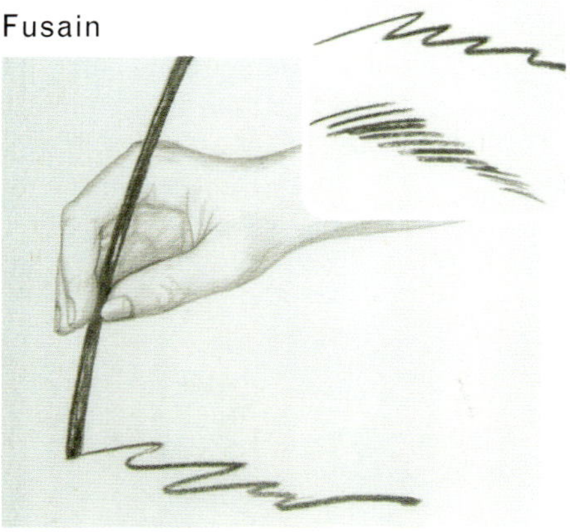

Le fusain de saule est cassant, faites preuve de délicatesse. Utilisez la tranche de petits fragments cassés. Le fusain comprimé, plus court, se loge dans la paume de la main.

Pastel

Frottez la tranche d'un pastel sec ou à l'huile sur la surface du papier en procédant par larges balayages. La densité du pigment dépend de la pression exercée. Utilisez la pointe pour les lignes.

Feutres, fusain et pastels

Les feutres permettent de tracer de rapides esquisses et sont parfaits pour réaliser des détails précis. Le fusain autorise plus de liberté ; en l'effleurant, le dessinateur peut en effet faire apparaître des nuances de gris et créer des dessins expressifs. Quant aux pastels, leur pigment produit des couleurs vives et intenses. Du bout du doigt, vous pourrez fondre leurs couleurs.

FEUTRES

Les feutres sont parfaitement adaptés au dessin au trait et ils offrent une bonne résistance à la lumière. Gardez toutefois à l'esprit que leur encre ne s'efface pas. Leur emploi exige une certaine maîtrise, que vous optiez pour un croquis ou pour une étude en modelé. Essayez-vous aux traits et au pointillage.

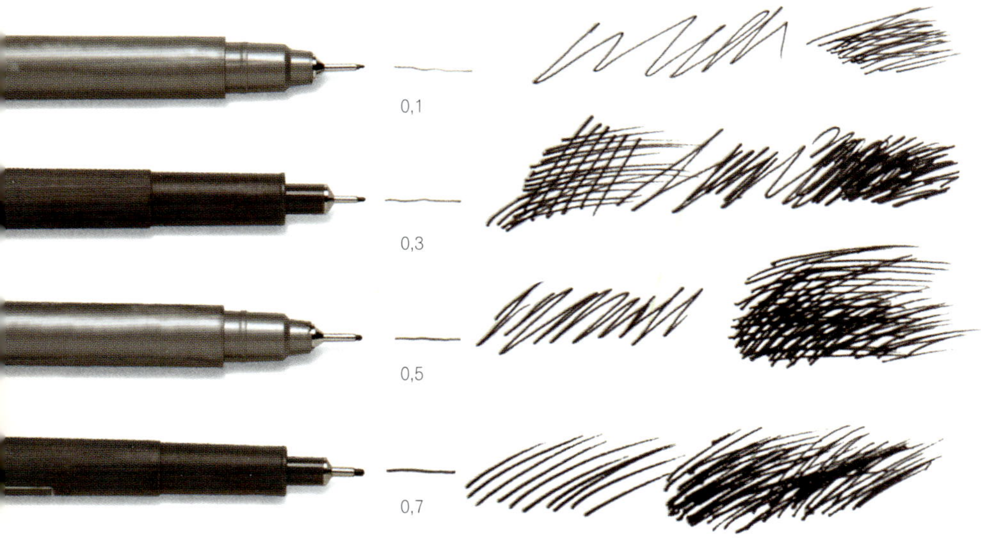

Feutres professionnels Les lignes obtenues sont d'épaisseur et de densité uniformes. L'épaisseur du trait est liée à la dimension de la pointe (exprimée en millimètres).

STYLOS PRATIQUES

Ces stylos sont faciles à emporter et à utiliser. Ils produisent des résultats spontanés aux effets surprenants, et conviennent aux croquis rapides.

FUSAIN

Le fusain s'efface d'un simple coup de gomme. Il réagit à la pression et au sens du trait et permet de décrisper les doigts. La pointe s'utilise pour les lignes, et la tranche, pour les tons, qui s'estompent facilement (« colour shaper », estompe, coton-tige, gomme, brosse, chiffon ou main), allant du noir le plus profond au gris le plus léger. Protégez vos dessins avec un fixatif.

Traits au fusain Le fusain de saule, très tendre, crée des traits gris. Le fusain comprimé, plus dur et moins poudreux, produit un noir velouté intense. Pour les détails, préférez un crayon fusain.

PASTELS DURS, TENDRES, SECS ET À L'HUILE

Les pastels secs, friables et tendres, et les bâtonnets Conté, plus gras et plus durs, sont constitués d'un mélange de pigment et de liant formant une pâte. Ils sont disponibles à l'unité ou en assortiment.

Les pastels à l'huile, de consistance très tendre, contiennent de l'huile et de la cire. Comme le fusain, les pastels secs nécessitent un fixatif évitant la formation de traînées de couleur.

Bâtonnets Conté Outre le noir, le blanc et la gamme minérale traditionnelle de sanguine (ocre rouille), sépia (brun chaud) et bistre (brun froid), ils sont disponibles en de nombreuses couleurs.

Crayons pastels Pastels Conté et pastels secs existent sous forme de crayons, moins friables, adaptés aux détails. Vous pouvez combiner les deux formes.

UTILISATION DE FIXATIF

Le fixatif est une résine liquide sous forme de spray. Il colle sur la surface du papier les produits enclins aux traînées. Vaporisez-le à 30 cm du dessin tenu à la verticale, d'un mouvement régulier du haut vers le bas. Il est conseillé de travailler à l'extérieur ou dans une pièce bien ventilée. Pulvérisez-le avec parcimonie car il ternit les couleurs. Il peut être remplacé par de la laque pour cheveux.

Pastels secs Tous les pastels sont riches en pigment. Chaque couleur est disponible en différentes nuances ; elles se mélangent et se superposent facilement. Les pastels secs, friables, réagissent à la moindre pression. Travaillez les ombres en utilisant la tranche de petits morceaux de pastel et estompez ou fondez les marques avec le doigt ou un chiffon.

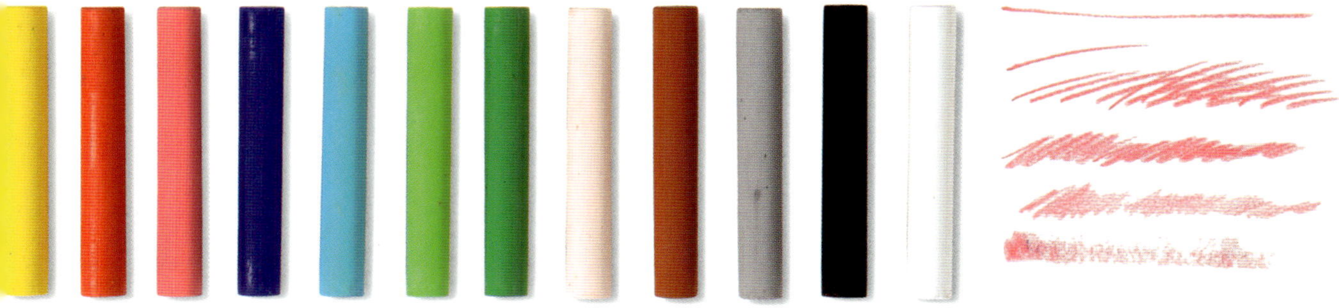

Pastels à l'huile Ils permettent de réaliser des dessins de grande dimension et de produire des couleurs riches. Moins friables que les pastels secs, ils peuvent se passer de fixatif mais fondent à la chaleur : au besoin, passez vos mains sous l'eau froide avant de les utiliser. Cireux, ils se superposent et se mélangent aisément. Ils sont diluables à l'essence de térébenthine ou au white-spirit.

Choix du papier

Les carnets de croquis sont souvent constitués de papier blanc légèrement texturé, le plus répandu pour le dessin. Le papier à grain, plus cher, se décline en différentes épaisseurs : papier pour fusain et pastel, papier aquarelle pour un travail à la plume, à l'encre ou à l'aquarelle, papier fabriqué à la main, etc. Le papier mi-teinte est intéressant car il permet de travailler avec des produits clairs ou foncés.

TYPES DE PAPIER

Le papier à croquis se prête à la plupart des dessins noir et blanc ou au bâtonnet Conté. Assez lisse, il est très polyvalent. L'Ingres, destiné au fusain et pastel, est légèrement rugueux. Le papier pastel, texturé, permet au pigment de s'accrocher. Il est souvent teinté, évitant ainsi l'interférence des zones de papier blanc avec les couleurs.

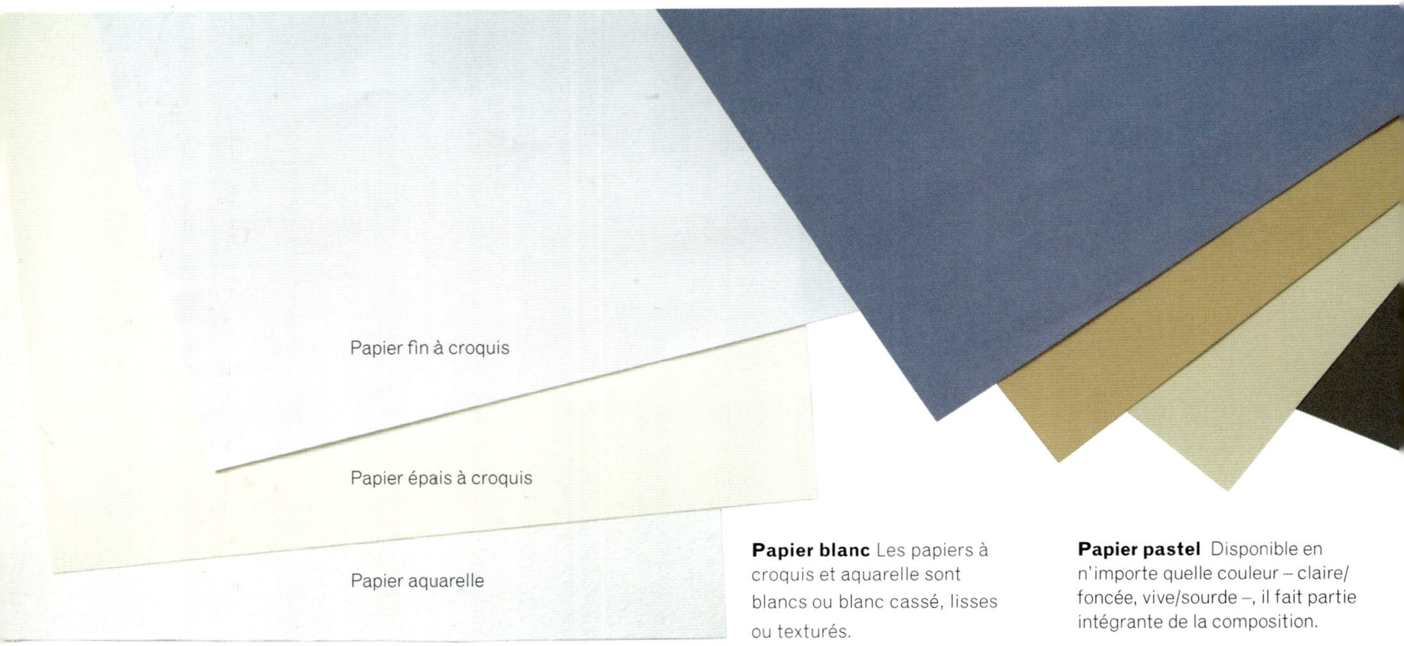

Papier blanc Les papiers à croquis et aquarelle sont blancs ou blanc cassé, lisses ou texturés.

Papier pastel Disponible en n'importe quelle couleur – claire/foncée, vive/sourde –, il fait partie intégrante de la composition.

DIMENSIONS DU PAPIER

Le papier se vend dans différentes dimensions « A » normalisées. Le papier A4, dimension des feuilles de papier à écrire, est bien adapté aux esquisses en extérieur. Les papiers A3 et A2 conviennent mieux à l'intérieur. La solution la plus économique est d'acheter et de redécouper des feuilles A1.

- A1 : 840 x 594 mm
- A2 : 594 x 420 mm
- A3 : 420 x 297 mm
- A4 : 297 x 210 mm

Carnets de croquis À spirale, ces carnets sont pratiques à emporter et à utiliser, leur dos cartonné offrant un support rigide.

LISSE OU TEXTURÉ ?

Le type de papier influence l'apparence des dessins. Lisse, il révèle chaque détail. Texturé, il transforme, par le relief de sa surface, les traits et les marques, créant ainsi des effets de matière. Dans les dessins en couleur, une surface satinée permet un mélange subtil et uniforme des pigments, tandis que le papier à grain produit un effet chatoyant plus contrasté.

PAPIER LISSE

Fusain Les tracés sont légers, et les ombres, douces. Mais le fusain requiert une certaine texture pour accrocher le papier.

Crayon de couleur Chaque détail est révélé, comme les traits individuels des hachures serrées, produisant un effet subtil.

Pastel Glissant sur la surface lisse, il laisse une légère marque brillante. Comme le fusain, le pastel requiert un papier plus texturé.

PAPIER TEXTURÉ

Fusain Ce papier est mieux adapté, car le fusain adhère à son grain, créant des traits discontinus, pour un dessin plus expressif.

Crayon de couleur La texture brise les traits. Les couleurs superposées apparaissent plus sombres et plus intenses. Certains détails subsistent.

Pastel Le dessin est saisissant. Ce papier est idéal pour les tracés flous et les plages de couleur réalisés par frottement de la tranche du pastel.

Utilisation des outils de dessin

Il est temps de vous essayer aux diverses techniques décrites précédemment sur un carnet de croquis. Dessinez tout ce qui retient votre attention : objets simples de votre intérieur, bâtiments ou paysages.

Entraînez-vous à tracer des contours, gribouillis, spirales, points et tirets. N'oubliez pas que vous pouvez également produire des ombres à l'aide de hachures parallèles ou croisées.

Les traits de couleurs vives de cette plume de paon ont été réalisés **aux crayons de couleur**.

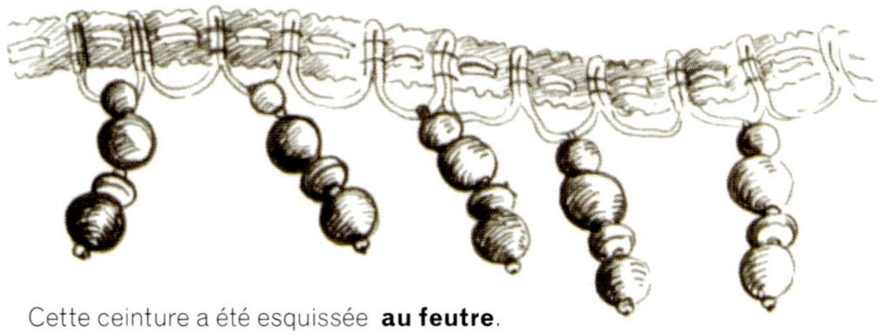

Cette ceinture a été esquissée **au feutre**. Notez la façon dont les hachures épousent la forme des ornements, différenciant les zones d'ombre et de lumière.

Un crayon 5B a été utilisé pour les traits épais et les gribouillis de ce dessin.

Combinaison de techniques : cette esquisse met en œuvre le crayon, pour les traits fins, et le bâtonnet Conté, pour les traits épais.

COMPARAISON DES TECHNIQUES

Dessiner le même objet sur le même type de papier selon diverses techniques permet de mieux comprendre les atouts de chacune. Les longs traits courbes révèlent la forme de l'objet, tandis que hachures et points créent du volume. Les dessins suivants représentent une pomme. Ils sont tracés sur du papier lisse blanc, selon divers procédés, en noir et blanc, puis en couleur.

CRAYON

Plus fin que le fusain, le crayon produit de délicates hachures parallèles et croisées argentées créant une trame de dégradés subtils.

FUSAIN

Le contraste des tons est plus marqué. Le fusain crée des traits épais et doux, convenant mieux à l'ombrage qu'aux hachures croisées.

FEUTRE

Les hachures croisées aux lignes noires régulières traduisent la densité. Les points et traits courts mouchettent les zones de lumière.

PASTEL SEC

Le pastel sec autorise le travail linéaire, avec, ici, une palette limitée de vert, jaune, orange et rouge. L'estompage des traits verticaux à la gomme éclaircit les tons et fond les zones vertes dans le rouge.

CRAYON DE COULEUR

Les mêmes couleurs, appliquées ici en lignes juxtaposées, se mélangent dans l'œil du spectateur, donnant forme à la pomme. Les zones les plus lumineuses sont rendues par le crayon jaune et le blanc du papier.

Forme et proportion

Pour qu'un dessin soit réaliste, les objets doivent présenter une forme reconnaissable et des proportions correctes les uns par rapport aux autres. La mesure des dimensions et leur comparaison avec celles d'un autre objet peuvent se réaliser à l'aide d'un crayon, qui permet également de calculer la distance des objets. Cette technique de mesure devient très vite un réflexe en dessin.

MESURE À L'AIDE D'UN CRAYON

Pour garantir la bonne proportion des éléments de votre dessin, basez vos mesures sur un petit objet qui vous servira de référence, tel que le citron dans l'exemple ci-dessous. Vous devez conserver la même position pour vos mesures et tracés : placez-vous donc face au sujet de façon à le voir sans avoir à vous pencher ni à vous redresser par rapport à la feuille de papier.

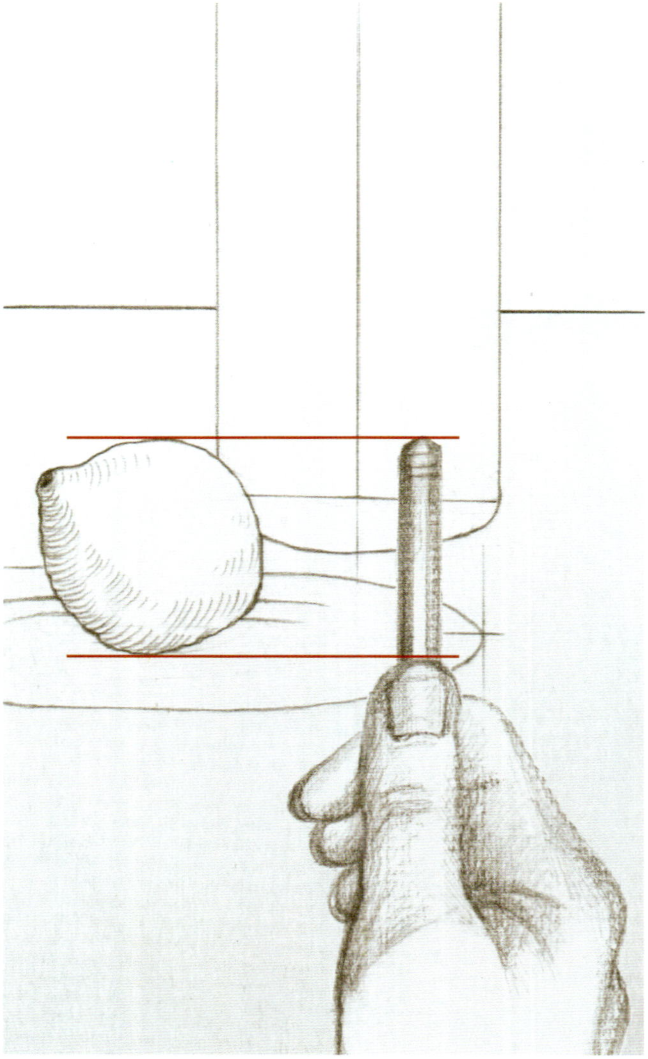

Pour mesurer un objet (ici le citron), tenez votre crayon à la verticale entre le pouce et les autres doigts, bras tendu. Fermez un œil, puis faites correspondre le haut du crayon avec le haut de l'objet. Faites ensuite glisser votre pouce vers le bas du crayon sans bouger ce dernier afin de marquer la base de l'objet.

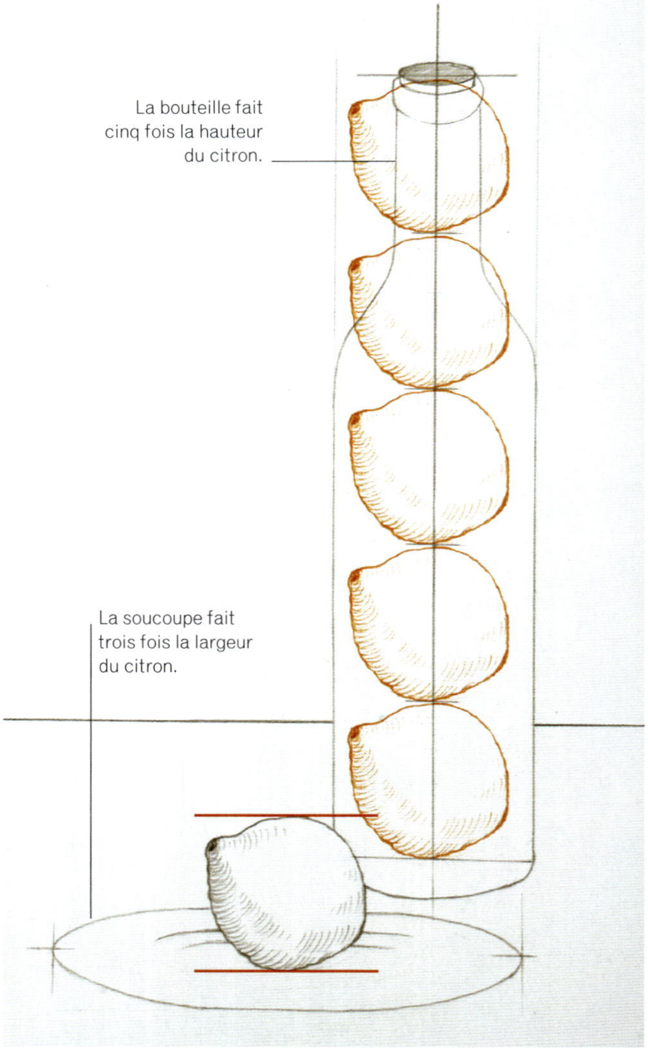

Sans déplacer votre pouce, calculez la hauteur d'un autre objet (ici la bouteille) en fonction de celle de l'objet de référence. Mesurez ensuite la largeur du citron, crayon à l'horizontale, et déterminez celle de la soucoupe. Il vous suffit ensuite de positionner correctement les objets les uns par rapport aux autres sur votre carnet de croquis.

FORMES DE BASE

Après avoir déterminé les proportions des différents objets, vous pouvez ébaucher le dessin. Observez attentivement les objets et décomposez-les en formes géométriques de base, telles que carrés, cercles, triangles, rectangles et ovales.

Dans le croquis préparatoire de droite, la bouteille est un rectangle prolongé dans le haut par un triangle surmonté d'un tube. Le citron est un cercle. Pour les objets symétriques, tracez une ligne verticale médiane qui vous aidera à dessiner les deux côtés de façon identique.

De la géométrie à la nature morte
Pour passer du croquis des formes de base au dessin final, vous devez adoucir les contours géométriques et figurer l'ombre et la lumière. Utilisez un crayon H pour les détails, un HB pour les contours et un 2B pour les ombres, en montrant la façon dont la lumière naturelle éclaire les objets et en révèle la texture. Notez l'harmonie de la composition, les objets hauts étant placés à l'arrière.

Formes et solides

L'une des contradictions du dessin réside dans la représentation d'objets en trois dimensions sur un support en deux dimensions. Cela signifie que vous devez traduire le volume sur une surface plane.

Certaines règles peuvent vous y aider. Règle numéro un : oubliez tout ce que votre cerveau sait du monde extérieur – l'esprit tend à privilégier la logique aux informations visuelles. Fiez-vous uniquement à vos yeux.

LIGNES ET CERCLES CONVAINCANTS

Seule la pratique vous permettra de dessiner avec assurance lignes droites et cercles. Le mouvement du crayon ne doit pas s'interrompre pendant leur tracé car la moindre hésitation sera perceptible. Pour les ellipses (cercles aplatis par la perspective), il convient de dessiner exactement ce que l'on voit. Leur forme et leur inclinaison varient selon votre angle de vue.

POINT À POINT

Entraînez-vous à tracer des lignes droites entre deux points prédéfinis. Pour obtenir un tracé droit, concentrez-vous sur le point final, et non pas sur le crayon. Reliez les deux points sans vous interrompre.

Pour dessiner un cercle, partez d'un point et, sans le quitter des yeux, tracez, d'un mouvement régulier, une courbe revenant à ce même point. Vos résultats, peut-être décevants au départ, s'amélioreront avec la pratique.

CERCLES

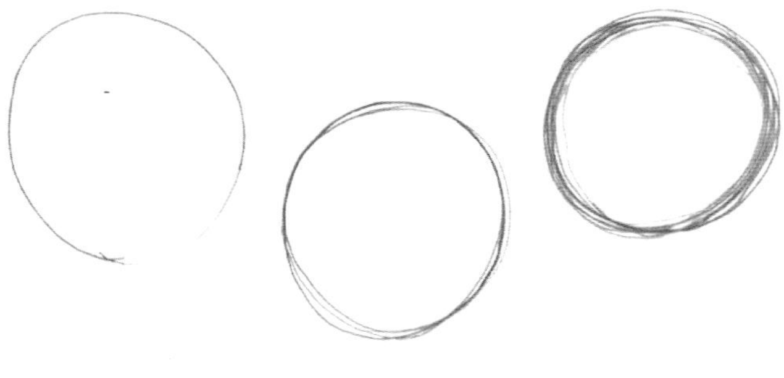

Dessinez plusieurs cercles les uns sur les autres. Gardez votre crayon en mouvement et repassez plusieurs fois sur le tracé en essayant de l'améliorer. Vous obtiendrez une large bande circulaire de lignes.

SPIRALES

Faites tourner votre crayon au-dessus du papier et abaissez-le peu à peu sans vous interrompre jusqu'à tracer une forme de tire-bouchon. Cet exercice apprend à relâcher la main.

ELLIPSES

Une forme circulaire n'apparaît parfaitement ronde que vue directement du dessus ou de face, sinon elle ressemble à une ellipse. Entraînez-vous à tracer des ellipses de la même façon que pour les cercles. Évitez de dessiner les extrémités en pointe (une erreur courante). L'inclinaison dépend de votre angle de vue, et vous remarquerez que plus l'ellipse est inclinée, plus elle paraît étroite.

DESSIN DE FORMES GÉOMÉTRIQUES

Vu strictement de face ou du dessus, un cube paraît plat. Mais lorsque vous pouvez voir plusieurs de ses côtés, les lignes horizontales semblent inclinées. Pour qu'un cube ressemble à un cube et non à un carré, vous devez respecter l'inclinaison observée. Prenez les mesures au crayon. Seules les lignes situées à hauteur d'œil sont horizontales.

CUBE

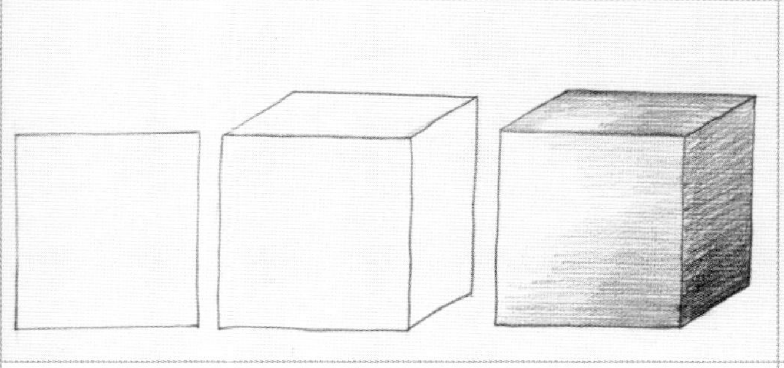

Le côté du cube le plus proche est carré, mais les autres faces apparaissent inclinées. Lorsque l'inclinaison des lignes est correcte, le cube semble réellement en 3 dimensions. Les lignes verticales restent verticales.

CUBE VU D'EN HAUT

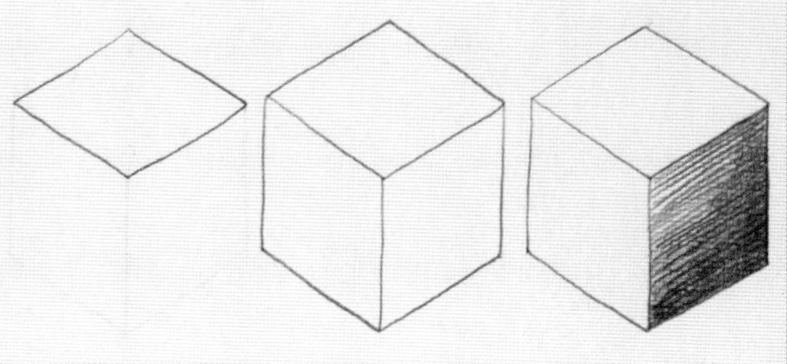

Avec un point de vue en hauteur, vous voyez le côté supérieur du cube. Ici, l'une des arêtes nous fait face. Toutes les lignes horizontales penchent, mais les arêtes verticales restent verticales.

CUBOÏDE

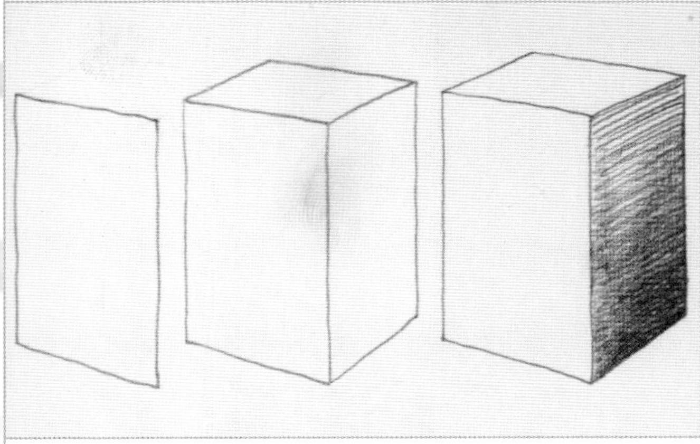

Un cuboïde est un cube allongé. La transformation d'un rectangle en cuboïde équivaut à celle d'un carré en cube. Les lignes verticales restent verticales et les lignes horizontales qui ne sont pas à hauteur d'œil penchent.

CYLINDRE

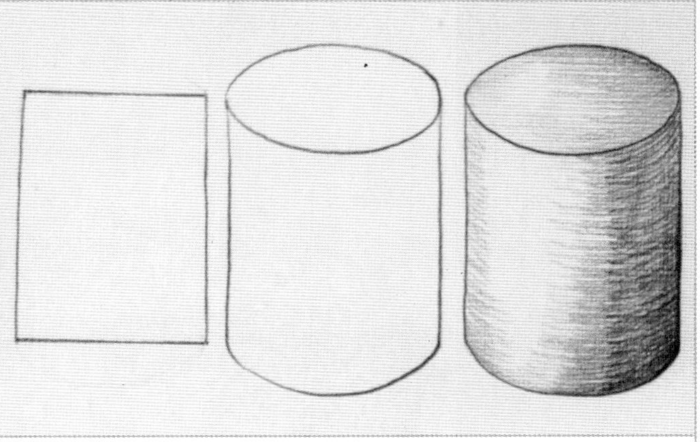

Un cylindre est un cube ou cuboïde arrondi comme un tuyau. Vu directement du dessus, il paraît circulaire, sinon ses extrémités paraissent ovales, comme des ellipses.

PYRAMIDE

Vue directement de face, une pyramide ressemble à un triangle. Vue de plusieurs côtés, elle apparaît constituée de plusieurs triangles. Les angles des triangles dépendent de l'angle de vue et du nombre d'arêtes visibles.

CÔNE

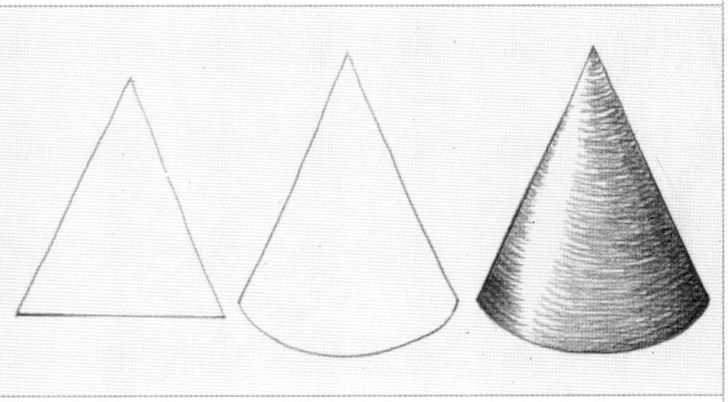

Le cône est un triangle arrondi en trois dimensions. Les côtés n'ont pas d'arêtes mais semblent présenter une limite à l'endroit où votre œil ne peut plus les voir. La base du cône est une demi-ellipse ou un demi-cercle.

Construction d'un dessin

De nombreux objets naturels ou manufacturés possèdent une forme de base géométrique. Leur décomposition visuelle en carrés, cercles et autres formes familières peut vous permettre de les observer plus précisément et de relier les différents éléments. Dessinez d'abord les formes générales, puis subdivisez-les en formes plus petites avant de passer à l'ombrage et aux détails.

OBJETS FAMILIERS

Commencez par des objets inanimés. Asseyez-vous face à votre sujet, votre planche à dessin appuyée contre le dossier d'une chaise, de façon à pouvoir lever votre regard vers le sujet et l'abaisser sur le papier sans modifier la hauteur de votre œil. Utilisez un crayon HB sur du papier à dessin ordinaire. Ne vous préoccupez pas de l'arrière-plan : concentrez-vous sur le sujet.

CHAISE

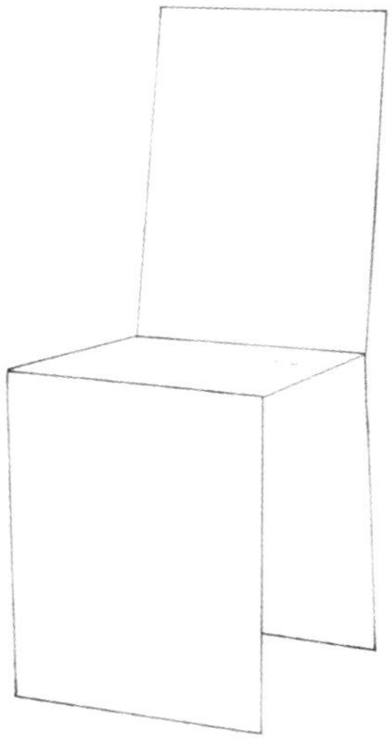

Mesurez les proportions et angles de base de la chaise. Esquissez les plans du dossier, des pieds et de l'assise à l'aide de lignes simples.

Décomposez la chaise en plans plus petits pour définir les pieds, les détails de l'assise et la planche du dossier. Vérifiez les angles et proportions.

Ajoutez les détails des pieds et du dossier, puis réalisez les ombres afin de donner l'impression de volume.

TASSE ET SOUCOUPE

Tracez un axe pour le centre du rebord de la tasse et de la soucoupe. Mesurez leur hauteur et leur profondeur, puis dessinez les deux ellipses.

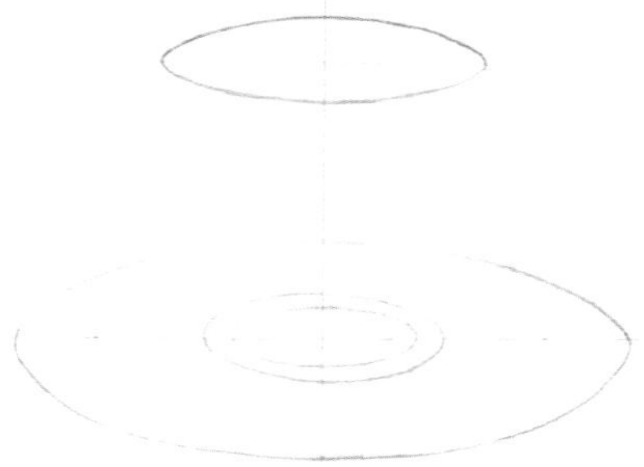

Tracez les deux ellipses de la soucoupe à l'endroit où repose la tasse. Observez cette dernière, puis esquissez ses côtés et sa base courbée.

Dessinez le rebord de la soucoupe et l'anse de la tasse. Ajoutez les détails et finissez par les ombres pour créer un effet de volume.

SUJETS HUMAINS

Le corps humain peut lui aussi être simplifié. Mesurez les proportions de la silhouette et réalisez un croquis au crayon afin de définir l'échelle du personnage de sorte que ce dernier occupe tout l'espace de la feuille de papier sans que sa tête ou ses pieds soient tronqués. Les premiers contours resteront très schématiques, mais les proportions seront respectées.

PERSONNAGE

Esquissez les formes et les lignes de base en veillant à respecter les proportions et à bien positionner les différents éléments les uns par rapport aux autres.

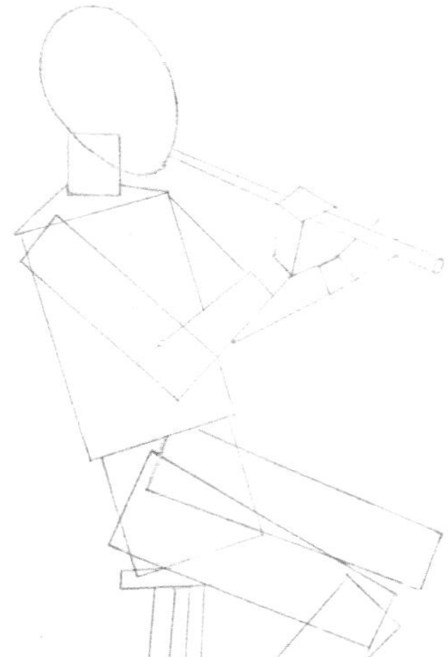

Dessinez un cou rectangulaire, un triangle figurant les épaules, un grand rectangle pour le torse et de longs rectangles effilés joints à angle droit pour les membres.

Utilisez les formes géométriques comme repères et commencez à peaufiner le personnage. Travaillez les formes en vous fiant à votre œil. Observez fréquemment votre modèle et utilisez une gomme pour effacer les traits du croquis initial une fois ceux-ci retravaillés.

Utilisation du ton

Le ton représente le caractère sombre ou clair d'un objet. C'est le jeu des ombres et de la lumière qui suggère le volume et la densité des objets, conférant au dessin son aspect tridimensionnel.

L'ombre, la lumière et le sujet revêtent la même importance en dessin. Le travail des tons dépend de la technique utilisée mais également de la texture et de la couleur du support.

DESSIN D'UNE SPHÈRE

Certains objets, comme les cubes, peuvent sembler être en trois dimensions grâce à la perspective linéaire. Pour un cercle, en revanche, seul l'ombrage peut créer l'illusion de volume. Les sphères ci-dessous ont toutes été tracées sur du papier aquarelle texturé blanc cassé. Seule varie la technique employée pour figurer l'ombrage.

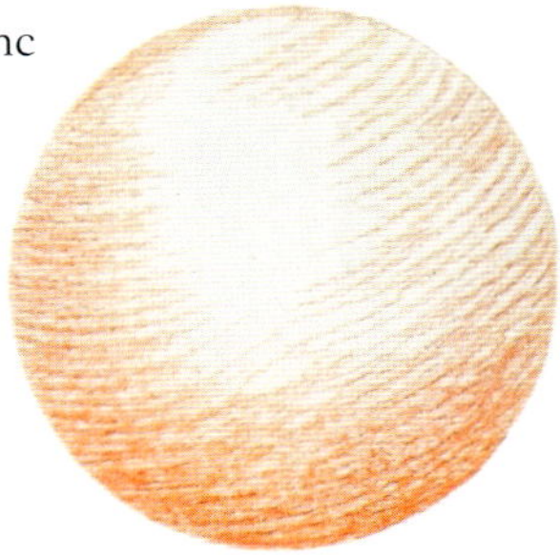

Crayon de couleur

Feutre

Fusain

Crayon

Sphère changée en orange
Quelques détails suffisent à transformer une sphère en orange. Le pastel sec permet de fondre des couches de même couleur afin de modeler le ton.

Pastel à l'huile

Pastel sec

TEXTURE

Représenter la texture revient à détailler le ton. Il s'agit de capturer le jeu d'ombre et de lumière de chaque parcelle de la surface d'un objet et non plus de sa forme générale. Pour la traduire, imaginez-vous la sensation du toucher de sa surface et, en variant la pression exercée sur le crayon, la vitesse et le sens du trait, dessinez ce que cela vous évoque (ci-dessous, un sujet traité selon différentes techniques).

CRAYON

Le contour et les hachures du vase ont été réalisés aux crayons H et 2H sur un papier à dessin blanc lisse. Ces crayons à la mine dure créent des traits légers mais précis.

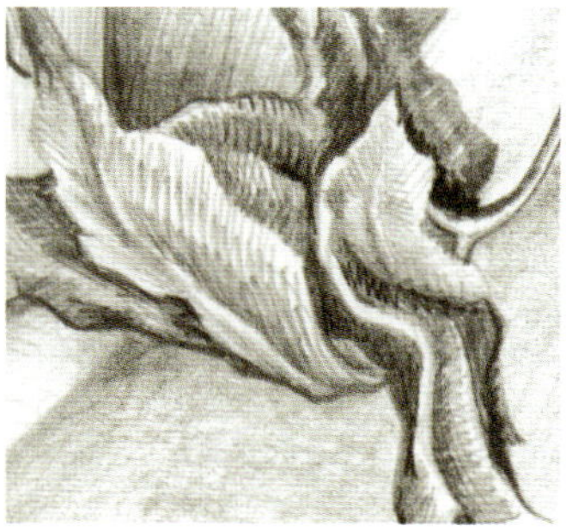

La texture dense de la feuille a été créée au crayon B. La variation de pression exercée influence l'intensité du trait. Les tons légers du tissu résultent de l'utilisation d'un crayon 3B.

FEUTRE

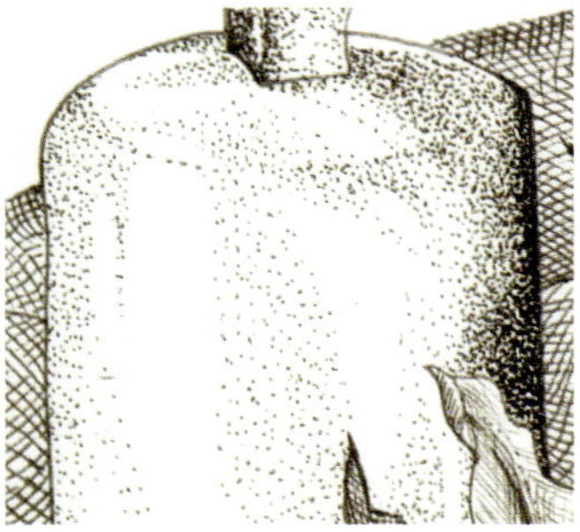

Les mêmes objets, sur le même papier, dessinés au feutre. Les petits points rapprochés figurent l'ombre sur le vase. Les zones de papier vierges suggèrent les reflets.

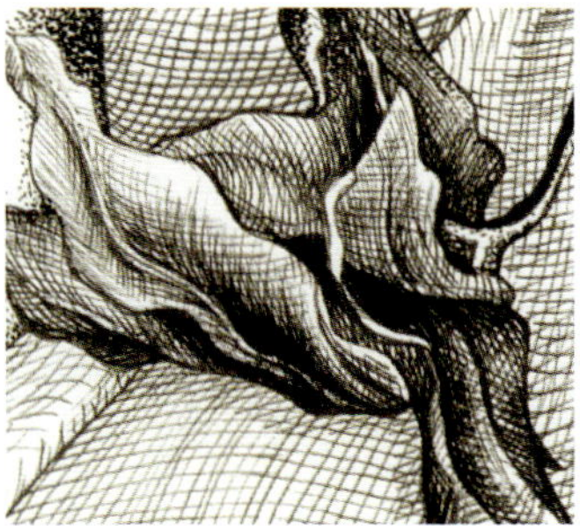

La texture du tissu est rendue par des hachures croisées. Le contraste entre les zones noires opaques d'ombre et les zones plus claires de lumière souligne les courbes de la feuille.

PASTEL SEC

Ici, un papier pastel, à grain pour bien accrocher les pigments, a été utilisé en combinaison avec du pastel sec. Le pastel gris a été estompé au doigt afin de créer la surface lisse du vase.

Les différents tons de brun permettent de révéler la forme de la feuille. Les contours clairs suggèrent sa texture cassante, contrastant avec les plis souples du tissu.

Utilisation de la perspective

Pour donner l'illusion de volume et de profondeur sur une feuille de papier plane, on recourt à la perspective. Les objets situés au loin doivent apparaître plus petits que s'ils étaient au premier plan. Avec la perspective, les lignes parallèles s'enfonçant dans l'espace du dessin convergent vers un point appelé point de fuite, situé sur la ligne d'horizon. Il permet de calculer les angles des autres lignes du dessin. Seules les lignes verticales et les lignes horizontales situées à hauteur d'œil ne convergent pas vers ce point de fuite.

PERSPECTIVE À UN POINT

Une route ou des rails au centre d'un dessin, convergeant vers un point de l'arrière-plan, sont un exemple classique de perspective. Vous constaterez la perspective linéaire de la même façon en observant un couloir : les murs semblent converger, le sol s'élever et le plafond s'abaisser, tout cela vers un seul et même point. Cette perspective ne vaut que si le sujet est vu de face : si la feuille était une vitre, la route la traverserait à angle droit.

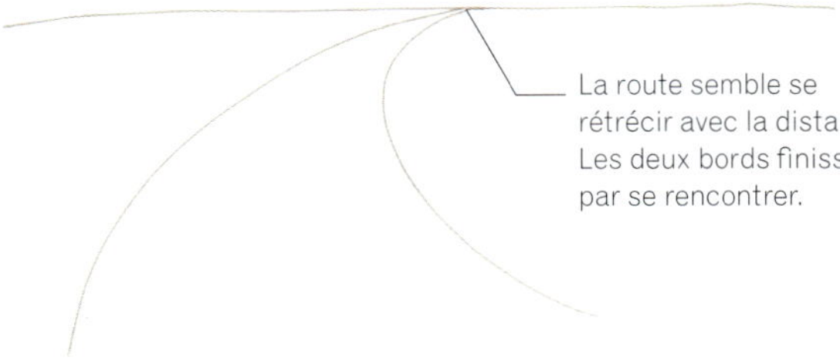

La route semble se rétrécir avec la distance. Les deux bords finissent par se rencontrer.

Le point de fuite est le point où les deux lignes convergent.

Les véhicules paraissent plus grands à l'avant et plus petits au loin.

Les longues lignes au sol accentuent l'effet de perspective.

Profondeur des lignes
Dans les paysages, la perspective linéaire peut être utilisée pour conduire l'œil du premier plan jusqu'à l'horizon. Cette image de deux routes se rencontrant illustre parfaitement cet effet.

PERSPECTIVE À DEUX POINTS

La perspective à un point s'applique lorsque les lignes parallèles s'enfoncent tout droit dans le dessin. Mais si le sujet est vu d'un certain angle, les lignes horizontales convergent vers deux points de fuite, situés de part et d'autre du dessin. La perspective à deux points entre souvent en jeu dans le cas de bâtiments ou objets aux côtés droits. Utilisez-la pour plus de réalisme.

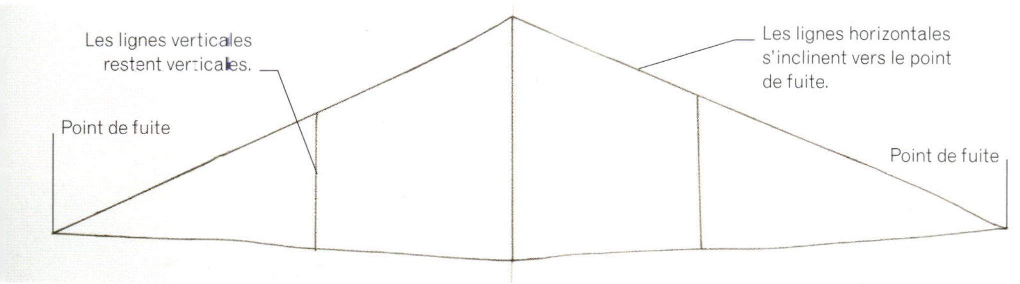

Maison en perspective
Deux des côtés de la maison sont visibles. Les lignes principales convergent vers les points de fuite situés de chaque côté de la ligne d'horizon, à l'extérieur du dessin. Commencer par schématiser la perspective permet de définir la structure de la maison.

Composition

Pour tout dessin, il vous faut décider des éléments à inclure et à exclure, de leur position, ainsi que de la façon dont ils forment un tout. Vous souhaitez qu'un spectateur voie l'ensemble de votre dessin, pourtant l'œil ne peut tout englober simultanément. Aussi la clé d'une bonne composition consiste-t-elle à offrir des escales visuelles autour d'un centre d'intérêt sur lequel l'œil va se concentrer.

UTILISATION D'UN VISEUR

Pour déterminer le meilleur point de vue d'une scène ou créer une composition équilibrée, aidez-vous d'un viseur. Découpez deux formes en L dans du carton et peignez-les en noir (la couleur la plus neutre). Tenez-les ensemble devant la scène – paysage, nature morte ou personnage – pour disposer ainsi d'un cadre. Le viseur permet de se représenter beaucoup plus facilement l'apparence de la composition sur le papier.

Modifiez la taille et la forme de la composition en rapprochant ou en écartant les deux parties du viseur.

CHOIX DU FORMAT

Avant d'établir la composition, vous devez décider de son échelle et du format du papier. Une feuille rectangulaire peut être disposée en hauteur (format portrait) ou en largeur (format paysage). Vous pouvez également opter pour une surface carrée.

Portrait

Format en hauteur adapté aux bustes et personnages. Convient également aux autres formes hautes.

Paysage

Format en largeur souvent utilisé pour les paysages. Une forme large crée un bon rapport ciel/terre. Convient à de nombreuses compositions.

Carré

Ce format favorise l'équilibre de la composition, mais peut également rendre un dessin statique. À utiliser avec précaution.

APPLICATION DE LA RÈGLE DES TIERS

Le centre d'intérêt d'un dessin est le point qui attire immédiatement l'œil. Son emplacement est crucial. Il existe un moyen simple de renforcer son effet : tracez une grille découpant la feuille en trois parties égales, horizontalement et verticalement, et placez le centre d'intérêt à l'une des intersections. La règle des tiers confère au dessin une certaine harmonie et un impact visuel.

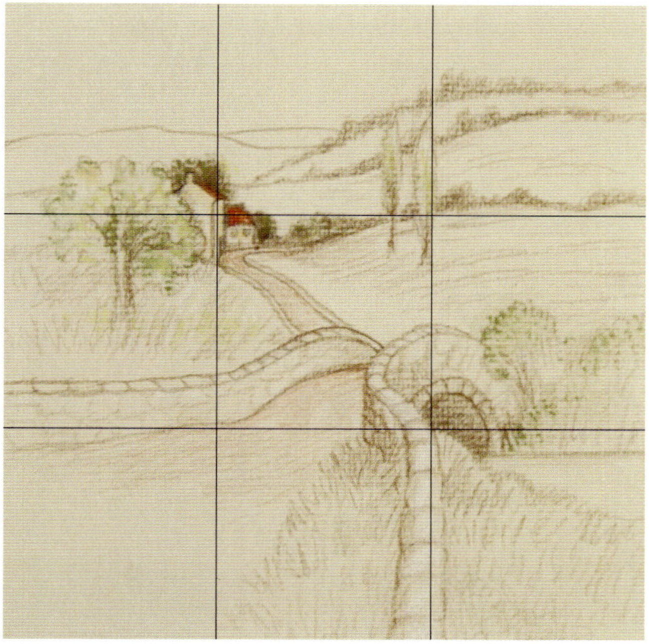

Avec un format carré, la règle des tiers s'applique de la même manière. La voûte et la maçonnerie du pont sont situées à une intersection, et la demeure, second centre d'intérêt, à l'intersection diagonalement opposée.

Avec un format portrait, le pont domine, à l'intersection inférieure droite. Le chemin conduit l'œil vers la demeure, à présent en retrait, mais qui confère un intérêt au plan intermédiaire et crée une rupture visuelle.

La ligne d'horizon élevée laisse voir suffisamment de ciel pour situer le contexte.

La rivière et le champ ouvert suggèrent un paysage s'étendant au-delà du cadre.

Avec un format paysage, le pont est à l'intersection inférieure gauche, s'alignant sur l'arbre vertical à l'arrière. Les vaches forment un second centre d'intérêt. Les dimensions relatives – pont imposant, vaches et demeure réduites – accentuent l'effet de profondeur.

Capture d'instantanés

La pratique reste le meilleur moyen de vous améliorer. Essayez de dessiner cinq à dix minutes tous les jours plutôt qu'une heure une seule fois par semaine. Concentrez-vous sur un sujet qui vous intéresse – quoi que vous dessiniez, votre sens de l'observation s'aiguisera. Éliminez ou simplifiez tout ce qui pourrait vous distraire de ce sujet, et isolez-vous afin de vous immerger dans votre travail.

CONSTITUTION D'UN CARNET DE CROQUIS

Ayez toujours sur vous un carnet de croquis et un crayon (ou un feutre) de façon à pouvoir dessiner à la moindre occasion. Votre carnet de croquis constitue votre journal intime visuel : consignez-y tout ce qui vous intéresse. Si vous dessinez des gens en public, faites preuve de discrétion afin que personne ne vienne se pencher sur votre épaule et commenter votre travail.

Les carnets de croquis portables se doivent d'être petits. Le format A5 est pratique pour les esquisses, mais le A4 est plus confortable. Leur dos est rigide, et vous pouvez maintenir la page avec une pince.

Les trains sont un bon exercice pour le dessin d'objets à partir de formes géométriques. Dans une gare, esquissez les passagers ainsi que les trains eux-mêmes, plus faciles à dessiner lorsqu'ils sont à l'arrêt.

Les séances de répétition permettent d'étudier les sujets humains. Demandez à assister en coulisses aux répétitions d'acteurs, musiciens ou danseurs locaux – comme le faisait Degas pour ses ballerines. Très concentrées dans leur activité pour prendre conscience de votre présence, ces personnes se laisseront croquer aisément et constitueront de bons modèles.

DÉTERMINATION DES SUJETS

En intérieur ou en extérieur, l'inspiration se trouve partout. Réalisez des natures mortes à partir d'ustensiles de cuisine – une table dressée pour un repas vous permet d'étudier les ellipses des assiettes et des verres. Les meubles sont d'excellents sujets pour la perspective linéaire. Persévérez ; vous vous familiariserez rapidement avec les mesures au crayon et la perception des proportions.

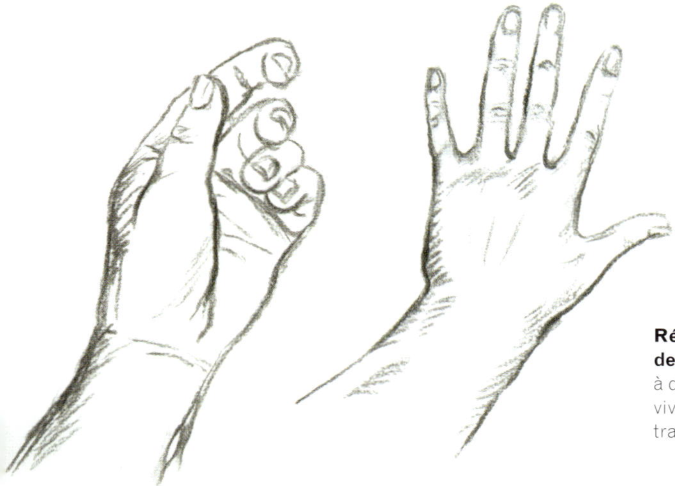

Les mains, il peut s'agir des vôtres, vous aident à étudier le raccourci. Dessinez exactement ce que vous voyez. Entraînez-vous régulièrement.

L'hiver, les arbres constituent un sujet idéal. Les feuilles étant tombées, vous pouvez distinguer l'enchevêtrement de leurs branches.

Réalisez des esquisses de nus. Inscrivez-vous à des cours de modèles vivants pour pouvoir travailler d'après nature.

Capture du mouvement

Lorsque vous dessinez un sujet en mouvement, délaissez les détails pour ne vous concentrer que sur l'essentiel. Vous développerez bientôt un style de croquis rapide bien à vous. Imposez-vous un délai et essayez de traduire l'énergie du mouvement. Vous pouvez également exercer votre mémoire en vous concentrant sur le sujet davantage que sur le papier, puis en tentant de réaliser le dessin ultérieurement.

ESQUISSES RAPIDES

Les actions répétitives sont les plus aisées à dessiner. Un nageur, un enfant sur un trampoline, des rameurs descendant une rivière, un tracteur moissonnant un champ, une pluie battante… Tous les mouvements impliquant un rythme sont intéressants. Les actions multiples ou soudaines (enfants jouant ou envol d'un oiseau) sont plus difficiles à capturer.

Les lignes de vitesse dans le sillage du ballon suggèrent le mouvement, à l'image d'une planche à voile ou d'un bateau fendant les flots.

Le skieur en position accroupie forme un S. Efforcez-vous de capturer les formes des personnes en mouvement. Les retransmissions sportives seront l'occasion de les observer.

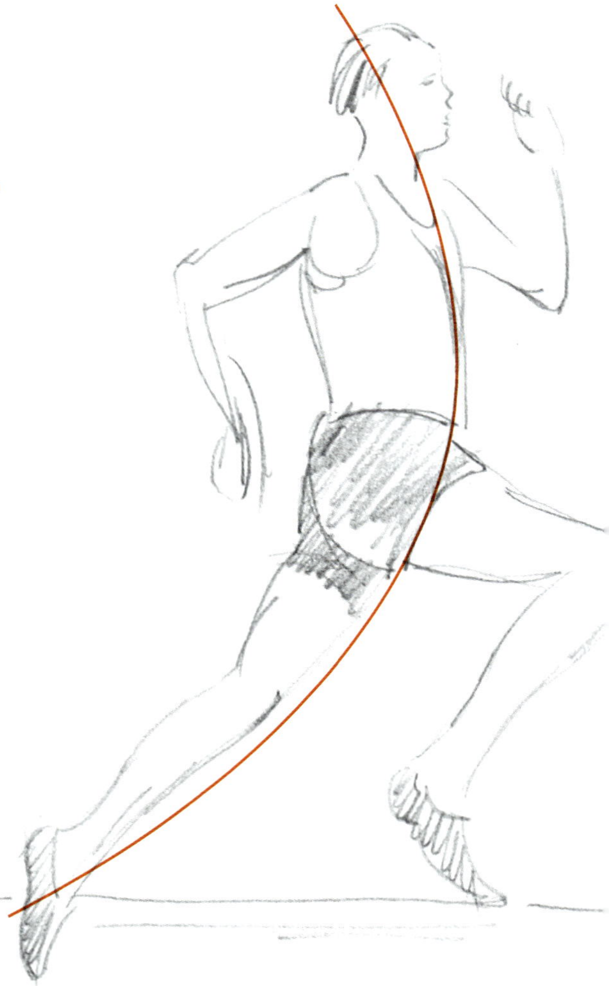

La position du coureur forme une courbe convexe dynamique. Remarquez le mouvement du corps et des bras qui contribue à propulser la jambe vers l'avant.

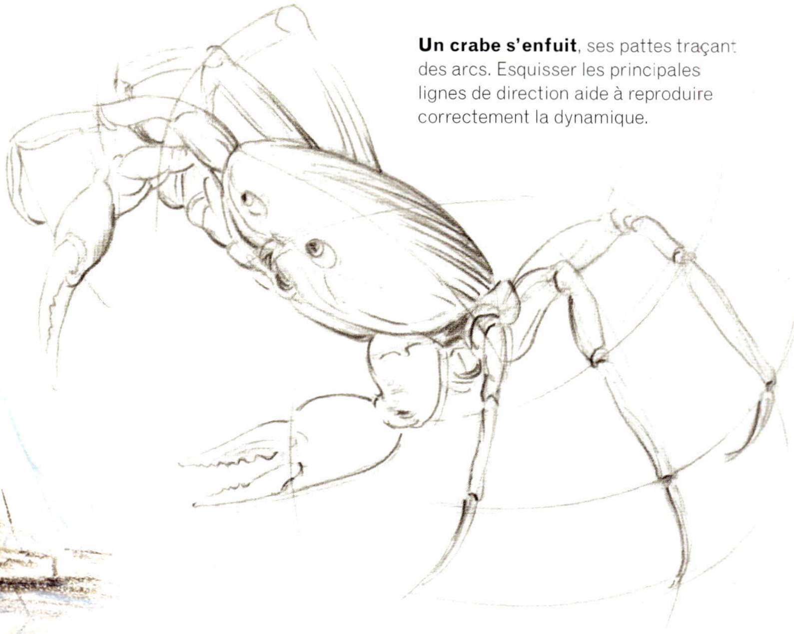

Un crabe s'enfuit, ses pattes traçant des arcs. Esquisser les principales lignes de direction aide à reproduire correctement la dynamique.

Les gouttes de pluie s'écrasant au sol sont recréées par de brefs coups de pastel agressifs à angle droit avec leur trajectoire. Les traces de direction réalisées à la gomme traduisent la confusion d'une averse soudaine.

Les chiens sont rarement immobiles quand ils ne dorment pas, haletant, chassant, aboyant ou mangeant le reste du temps. Esquissez les attitudes et positions qui leur sont propres.

Initiation à la couleur

Les couleurs peuvent inspirer la joie ou la tristesse, stimuler ou apaiser, attirer ou repousser. Elles s'influencent entre elles et influencent le spectateur. Plus vous en saurez sur leurs interactions, mieux vous pourrez les utiliser. Le cercle chromatique, sorte de coupe circulaire d'un arc-en-ciel, permet de mieux comprendre les liens qui régissent le comportement des couleurs.

COULEURS PRIMAIRES ET SECONDAIRES

Les couleurs primaires – rouge, jaune et bleu – ne peuvent pas être obtenues par le mélange d'autres couleurs. Le mélange de deux couleurs primaires donne une couleur secondaire : rouge plus jaune donne de l'orange ; jaune plus bleu donne du vert ; bleu plus rouge donne du violet. Pastels et crayons de couleur permettent de mélanger les couleurs uniquement sur le papier.

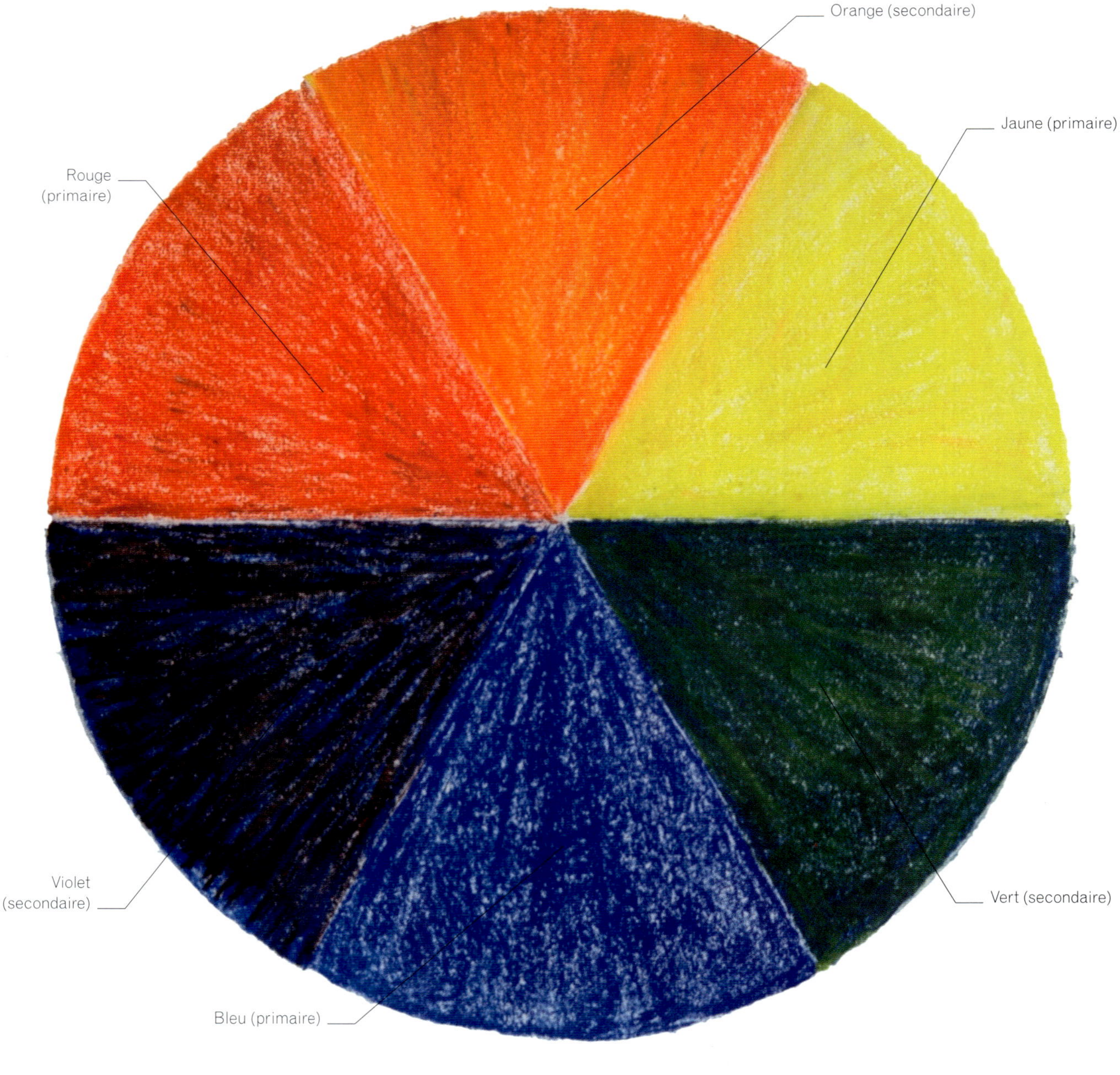

HARMONIE ET CONTRASTE

Les couleurs adjacentes du cercle chromatique sont similaires et s'harmonisent bien. Les couleurs éloignées contrastent et paraissent intenses utilisées ensemble. Vous pouvez utiliser les couleurs en même quantité ou opter pour une couleur dominante complétée de quelques touches d'une autre couleur. Couleur et composition sont étroitement liées et se complètent.

Jaune, orange et rouge contrastent par rapport au bleu.

Le noir de la tige et du cœur contraste fortement avec le rouge des pétales.

Panier de fleurs Une profusion de couleurs, créée à partir d'un éventail limité de pastels à l'huile. Le feuillage apporte une note de calme, et le fond bleu met en valeur les fleurs de couleur vive.

Les touches et traînées de bleu font ressortir le rouge.

Jaune et rouge s'harmonisent en un embrasement flamboyant.

Feu d'artifice Le rouge domine ce dessin, où les rehauts de jaune créent une lumière surnaturelle. Les silhouettes des personnages se découpent sur fond d'explosions de feu d'artifice.

Utilisation de la couleur

Un rouge pur n'est constitué que de rouge. Vous pouvez y ajouter du blanc pour l'éclaircir ou du noir pour l'assombrir. Vous ne pouvez pas augmenter l'intensité d'une couleur vive. En revanche, vous pouvez l'atténuer en y ajoutant une autre couleur. Pastels et crayons existent en de nombreuses couleurs, disponibles en version claire et foncée, vive et pâle, mais ils vous permettront également de créer vos propres teintes.

MÉLANGE SUR LE PAPIER

Si vous pouvez vous procurer différents tons et intensités d'une même couleur – du rouge cramoisi au rose, du bleu nuit au bleu pastel en passant par le turquoise, par exemple –, vous pouvez également mélanger des couleurs sur le papier. Il suffit en effet de superposer une couleur sur une autre ou de juxtaposer différentes couleurs afin de créer un mélange optique.

FROTTIS

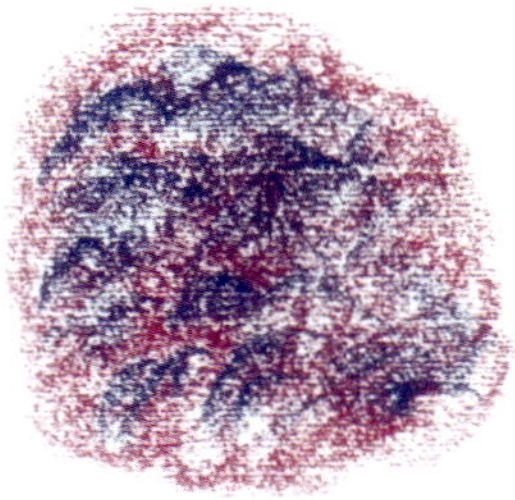

Bleu sur rose

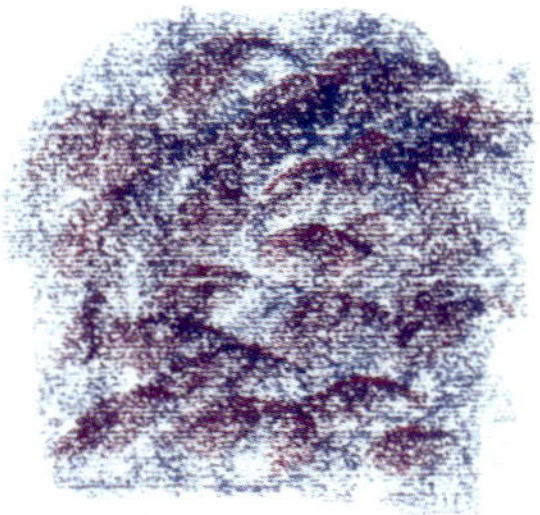

Rose sur bleu

Bleu sur jaune

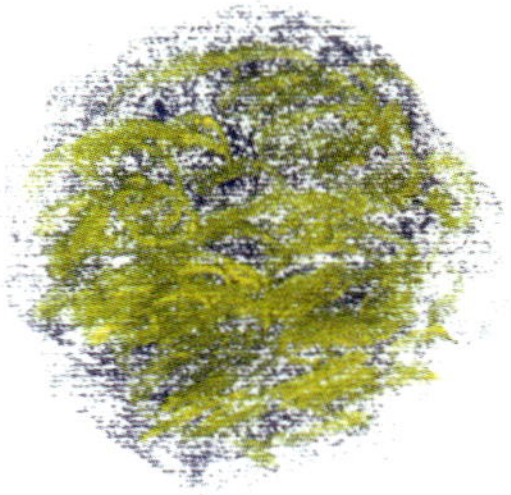

Jaune sur bleu

Le frottis consiste à travailler le pastel par couches. Frottez légèrement la tranche ou la pointe usée d'un pastel tendre sur le papier pour déposer la première couche. Appliquez par-dessus une seconde couleur afin de voiler la première couche, sans la masquer ni la retirer. Vous obtenez une couleur chatoyante, dont les irrégularités créent une texture intéressante. Son apparence dépend de l'ordre d'application des couleurs.

SUPERPOSITION

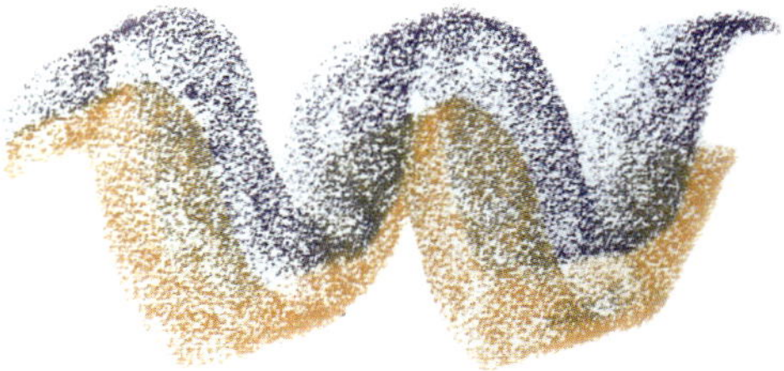

Les bâtonnets Conté et les pastels peuvent être frottés sur la tranche pour produire de larges bandes d'une seule couleur ou de plusieurs couleurs se chevauchant. Ici, bleu sur jaune et bleu sur orange créent, respectivement, un mélange optique vert et brun.

HACHURES CROISÉES

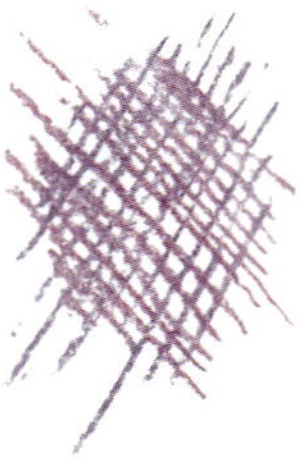

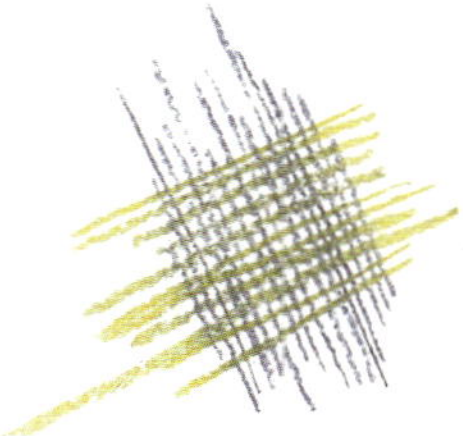

Crayons de couleur et pastels sont adaptés aux traits fins. Tracez des lignes parallèles d'une même couleur (hachures), puis entrecroisez-les de lignes réalisées à un angle différent et d'une autre couleur (hachures croisées).

HACHURES SERRÉES

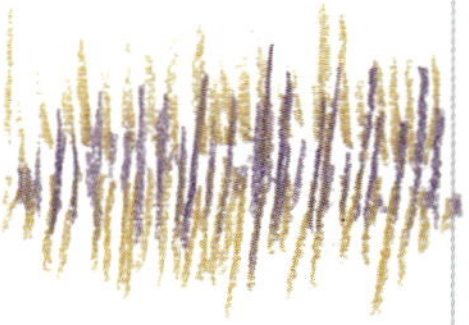

Le hachurage est une technique très utile pour le dessin au crayon. Alternez de fins traits de couleur distincte de sorte que chaque marque reste visible. Les couleurs se fondent ainsi en un mélange optique.

DESSINS AU CRAYON DE COULEUR

Une fois familiarisé avec les différents traits que les crayons de couleur permettent de créer, exercez-vous à les combiner dans un dessin. Cet exemple montre diverses façons d'utiliser les crayons de couleur, chacune ayant sa propre fonction. Les couleurs les plus vives sont placées au premier plan, l'arrière-plan présentant des teintes plus sourdes.

Les hachures croisées imitent bien la texture des balles de foin.

Les hachures serrées font scintiller les tiges.

Balles de foin
La combinaison de couleurs est uniforme dans l'ensemble du dessin, contribuant à son harmonie. Le rouge domine le premier plan, complété de touches de vert. L'arrière-plan, à l'inverse, privilégie le vert, superposé au rouge.

PASTEL SUR PAPIER DE COULEUR

Le papier pastel est disponible en différentes teintes et mi-teintes, en couleurs vives ou foncées. La couleur du papier influence l'apparence du dessin, comme le montrent ces illustrations. Le pastel peut aussi s'utiliser sur du papier aquarelle, plus épais. Plus le papier est texturé, mieux le pastel accroche, ce qui permet de superposer les couleurs et de recouvrir l'ensemble de sa surface.

Papier aquarelle

Le dessin paraît terne car le blanc du papier atténue les couleurs de la fleur et du vase. C'est pourquoi il est préférable de traiter ce sujet sur un papier teinté ou coloré.

Papier violet

La fleur et sa tige, lumineuses, ressortent sur le fond contrastant. Bleu et violet étant des couleurs voisines sur le cercle chromatique, le vase et le papier s'harmonisent bien.

Papier rouge

Le rouge et le vert contrastent fortement, rendant le dessin extrêmement vif. La couleur du papier est si intense que le fond stimule l'attention.

Papier pêche

Le dessin est subtil, mais efficace La couleur du papier adoucit le bleu du vase et est suffisamment sombre pour mettre en valeur la fleur, qui serait terne sur un fond blanc.

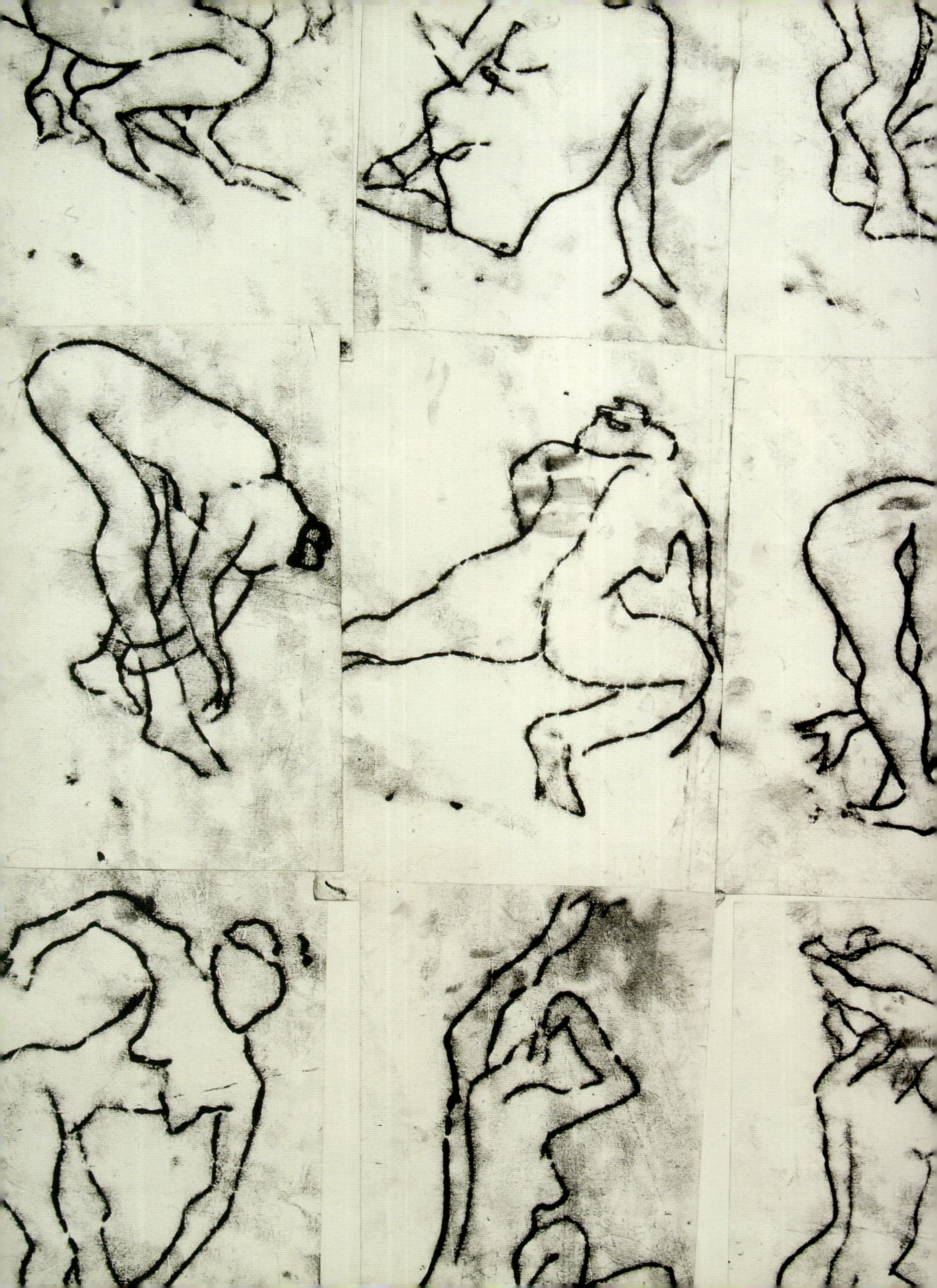

Trait

« Le trait est la base du dessin. »

Le pouvoir du trait

Pour l'artiste suisse Paul Klee, dessiner était comme emmener un trait en promenade. Le trait constitue la technique de base du dessin et peut produire des œuvres d'une simplicité absolue ou d'une sophistication extrême. Crayons, feutres et crayons de couleur se prêtent idéalement au trait. Vous pouvez vous contenter d'un contour en vous concentrant sur la forme, combiner contour et hachures dans un modelé ou simplement jouer sur l'intensité du trait pour suggérer le volume et la matière.

TYPES DE TRAITS

Le crayon et le fusain permettent d'explorer toutes les possibilités du trait – fin, épais, gras, délicat, brisé, continu, foncé, clair. Le feutre, lui, produit un trait uniforme. Aucun trait n'est supérieur à un autre, chacun a son utilité. Essayez de réaliser des esquisses en utilisant différents traits en fonction du sujet choisi, et observez la façon dont ils contribuent au caractère du dessin.

Contour au feutre

Un feutre à pointe fine crée des lignes régulières, parfaites pour un croquis rapide. Ce profil d'une remarquable économie de traits a été réalisé en quelques secondes.

Ombrage au crayon

Un crayon tendre a été utilisé pour les lignes denses, un crayon dur pour les lignes fines. Les différents traits suivent les contours du visage et de la barbe du vieil homme. Des lignes d'esquisse complètent les hachures parallèles (ton moyen) et les hachures croisées (ton sombre).

Contour au crayon

Les lignes fluides soulignent les courbes des fruits, queues et cœurs. La pression a été accentuée par endroits (au point de contact des pommes de gauche), et relâchée en d'autres (trait interrompu pour un effet délicat).

Traits foncés et clairs au crayon

La légèreté des traits à l'arrière-plan traduit l'éloignement, les détails disparaissant également. La combinaison d'un premier plan foncé et précis et d'un arrière-plan pâle et flou est appelée perspective aérienne.

JTILISATION DE L'ESPACE NÉGATIF

:haque ligne tracée délimite la frontière entre eux objets ou entre un objet et le vide. Les ides présents entre des formes positives sont ppelés espaces négatifs. Ces espaces sont extrêmement importants pour la composition. Dessiner l'espace négatif plutôt que le sujet lui-même permet de se libérer de la logique du cerveau et de rendre le dessin plus percutant.

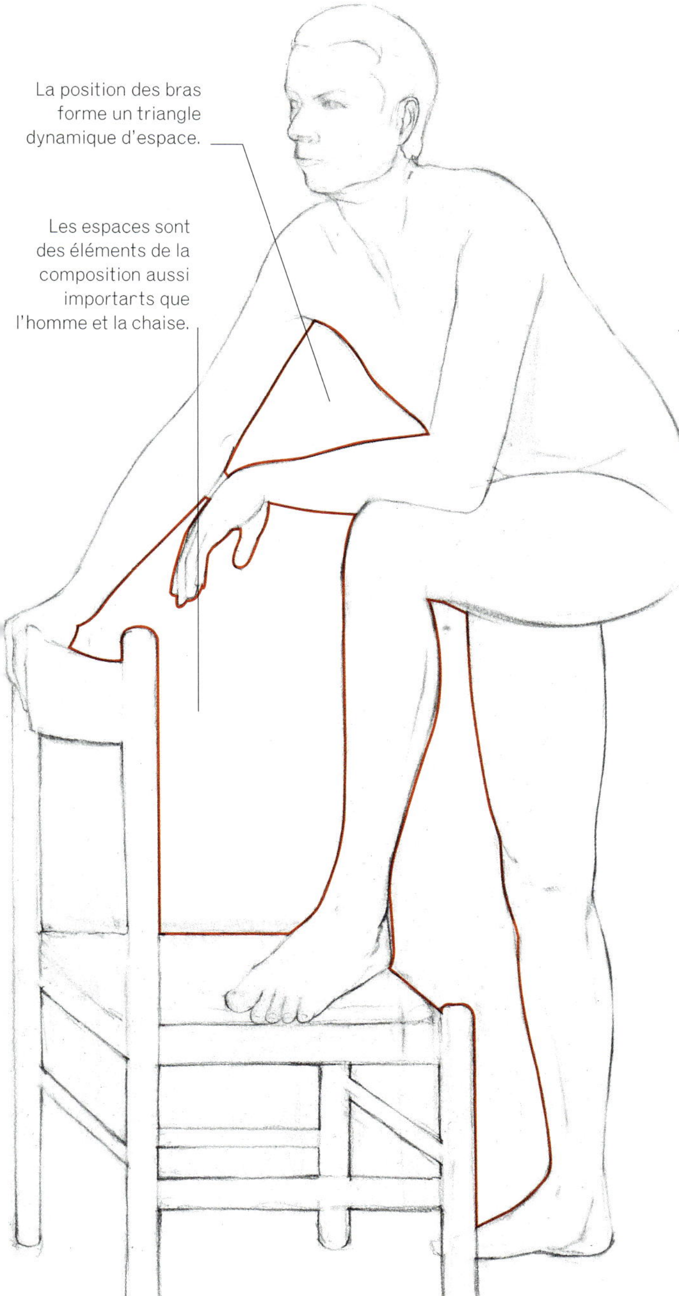

ans les dessins de silhouettes, les angles des bras et jambes forment souvent es espaces négatifs prononcés. Les objets linéaires basés sur des formes éométriques, comme les chaises, offrent des espaces négatifs simples. Ici la ombinaison de l'homme et de la chaise définit une série d'espaces intéressants.

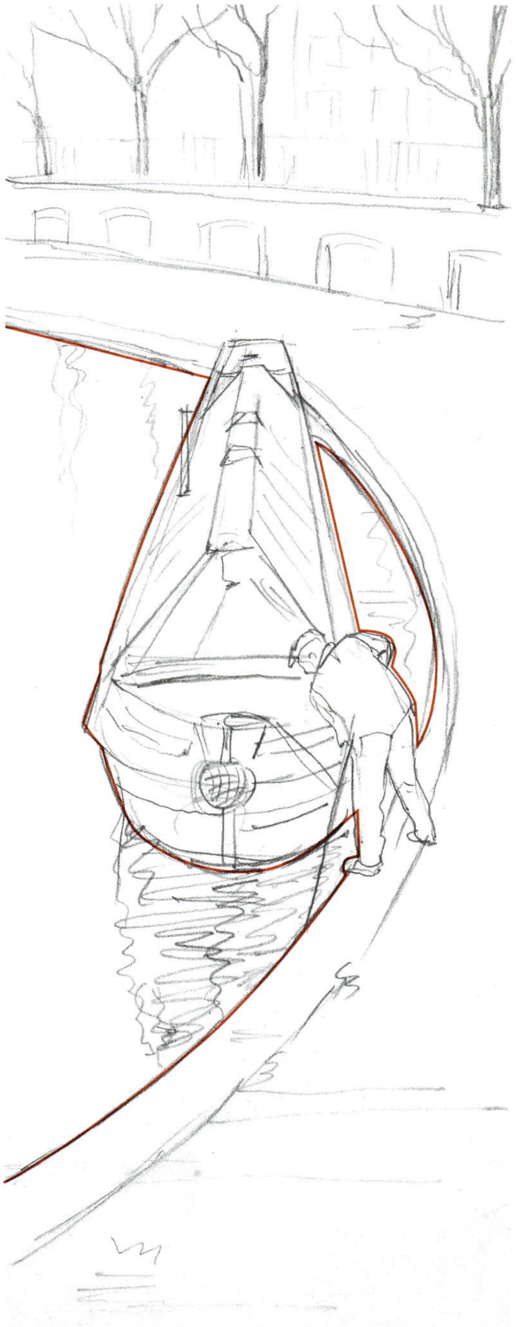

La courbure du canal crée des espaces négatifs intéressants autour du bateau, opposant les droites aux courbes. Les arceaux entre les arbres, au fond, et les arches du mur définissent des motifs d'espace négatif.

Galerie

Puissant ou délicat, le trait est la clé du dessin, une technique privilégiée par les artistes pour apprendre à coucher sur le papier ce qu'ils voient.

▲ Trees

Les traits et tons denses au fusain créent un premier plan fortement contrasté de troncs clairs et sombres, encadrant et masquant partiellement un bâtiment à l'arrière. *Barry Freeman*

▲ Barques sur la plage

Ce dessin à l'encre combine différentes techniques. Des lignes intenses définissent la structure et l'accastillage des barques, dont les parties peintes sont ombrées par hachurage. Le pointillage de la plage traduit la texture du sable, tandis que des lignes, comme ratissées, indiquent la dénivellation qui conduit à la mer. *Vincent Van Gogh*

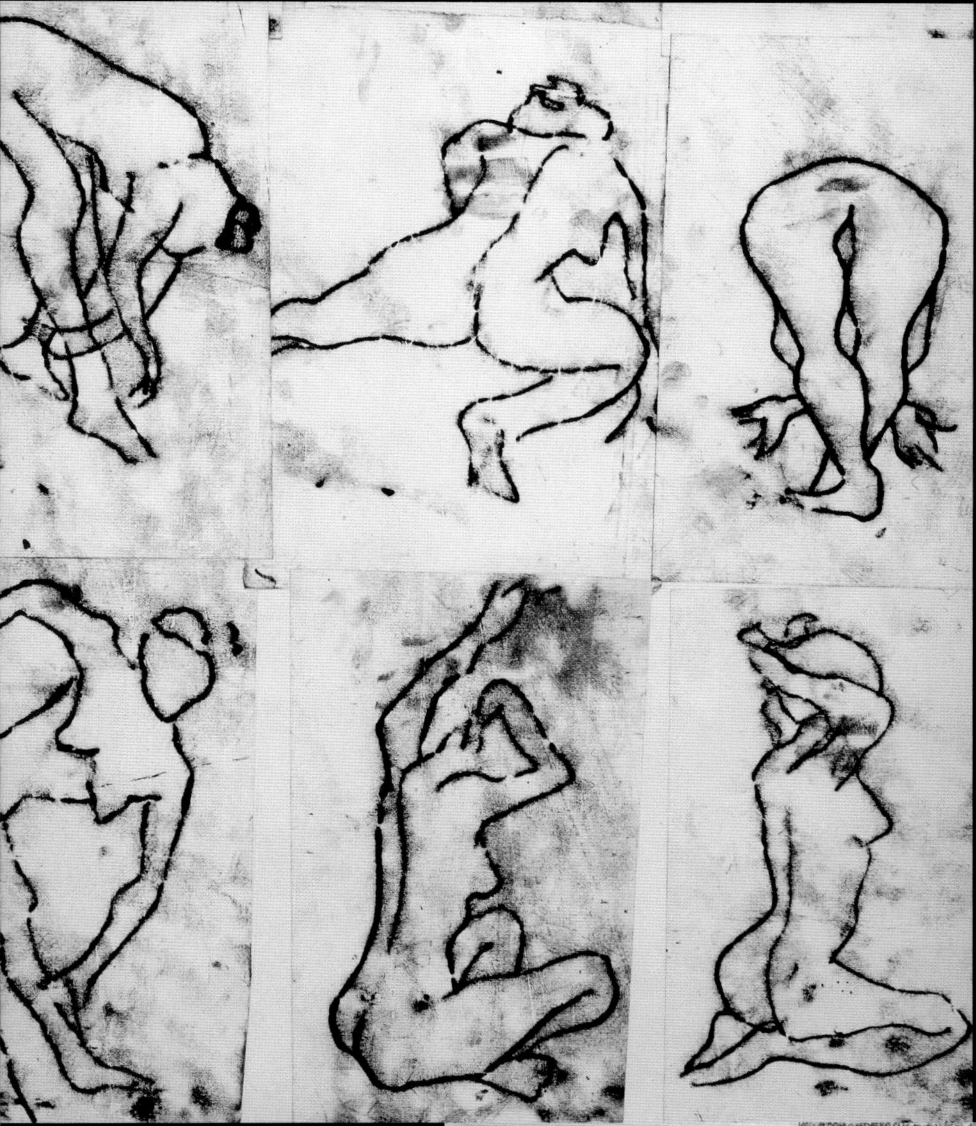

◄ Keep moving

Cette œuvre monochrome est composée d'une série d'esquisses de nu dans différentes poses. Ces dessins se basent tous sur le contour, se concentrant sur la dynamique du mouvement et le jeu entre formes positives et espaces négatifs. *Lindi Kirwin*

Arc de Triomphe ►

Les personnes, arbres et voitures apparaissent plus foncés car ils sont plus proches. Leur taille met en valeur la massivité du monument. Les nombreuses lignes légères suggèrent la richesse des ornements de l'Arc, mais sans les détailler, en raison de la distance. *Franklin McMahon*

◄ Chevaux et cavaliers

Malgré la mobilité du sujet et la rapidité de l'esquisse au fusain, les plis du cou des chevaux marquent bien la rotation de leur tête, et le mouvement des jambes est admirablement dépeint. *Léonard de Vinci*

1 Chevauchement de feuilles

Ce projet va vous aider à vous concentrer non pas uniquement sur les lignes du sujet que vous dessinez, ici des feuilles d'érable blanc, mais aussi sur les formes des vides présents entre et autour des feuilles : les espaces négatifs. La relation entre la forme et l'espace est importante lors de la définition de la composition puisque lignes et formes doivent être liées à l'ensemble du dessin. L'espace négatif vous permet également de positionner correctement les différents éléments les uns par rapport aux autres lors du tracé des contours.

MATÉRIEL

- Papier à dessin de fort grammage A4
- Crayon HB

TECHNIQUES

- Dessiner l'espace négatif
- Tracer les contours
- Varier la densité du trait

1 Repérez l'emplacement des feuilles d'érable par un contour léger en vous aidant des espaces négatifs *(voir p. 49)*. Esquissez les tiges et les nervures des feuilles.

2 Observez les espaces négatifs – ils peuvent être plus faciles à dessiner que les formes positives. Lorsque les contours vous conviennent, repassez-les au crayon en insistant davantage.

ÉTAPES DU PROJET

3 Répétez ces étapes pour les samares (fruits ailés de l'érable) et les principaux bords des feuilles. Observez bien le sujet : notez, par exemple, la façon dont la pointe de la samare effleure le bord de la feuille au niveau de sa découpe.

4 Repassez tous les contours lorsque les relations entre les différents éléments vous conviennent. Penchez-vous ensuite sur les détails du sujet. Travaillez les nervures par des traits légers afin de suggérer la texture des feuilles.

5 Une fois tous les traits en place, frottez la tranche de la mine du cray pour ombrer légèrement les zones où les feuilles se chevauchent. Augmentez la pression sur le crayon pour les zones les plus sombres.

« L'équilibre entre formes positives et espace négatif crée une harmonie. »

6 Ombrez les samares en utilisant la pointe du crayon et en insistant davantage puisque les tons sont plus foncés que sur les feuilles. Hachurez très légèrement le dessous des ailes afin de créer un contraste de valeurs.

7 Ajoutez des détails le long des tiges, toujours avec la pointe de la mine. Exercez une forte pression pour figurer des tons très sombres, et diminuez-la à la naissance des nervures. Les tiges sont un élément majeur de la structure.

8 Ombrez légèrement toutes les feuille afin d'harmoniser la structure et les tons de la composition. Vous créez ainsi un contraste avec les espaces négatifs sans ombre, ce qui produit un équilibre général agréable à l'œil.

Chevauchement de feuilles ▸

Les feuilles en deux dimensions vous permettent de vous concentrer sur l'espace négatif et le contour. Les formes distinctes des feuilles se chevauchant créent un motif simple et naturel de formes et d'espaces.

2 Nature morte de livres

La variation d'intensité, de style et de nuance du trait donne vie à un dessin. Mais il vous faut auparavant ébaucher la composition, le sujet en face de vous, à hauteur d'œil. Cette nature morte, moins simple à réaliser qu'il n'y paraît, met au défi votre sens de l'observation. Consacrez quelques minutes à étudier l'agencement des livres. Il vous faudra prendre des mesures précises, définir des points de fuite, utiliser les espaces négatifs et tracer des lignes droites. Une fois la structure du dessin en place, vous pourrez vous attacher à la densité du trait.

MATÉRIEL

- Papier à dessin lisse blanc A3
- Crayons H, HB et 4B
- Gomme plastique
- Feuille de papier A4

TECHNIQUES

- Mesures au crayon
- Dessin de formes géométriques
- Dessiner l'espace négatif
- Traits fins et épais

1 Divisez le papier en tiers à l'aide du crayon HB. Au besoin, effectuez les mesures à la règle. Avec la pratique, vous vous contenterez d'imaginer cette grille. Pour l'instant, elle va vous aider à positionner les objets et les centres d'intérêt.

2 Commencez par tracer le centre d'intérêt, le petit livre, sur la ligne du tiers inférieur droit. Le dos d'un des livres verticaux est plus ou moins situé dans le tiers opposé. Esquissez légèrement le dessin pour éviter tout gommage

3 Utilisez le dos du petit livre comme référence (*voir p. 20*). Calculez la longueur des lignes principales : la hauteur des livres verticaux fait environ 2 fois cette mesure et la diagonale de la couverture du livre du dessous, environ 3,5 fois.

ÉTAPES DU PROJET

4 Le deuxième livre à partir du bas est raccourci : ses lignes les plus éloignées ne sont pas parallèles. Utilisez un point de fuite *(voir p. 29)* pour définir leur angle. Prolongez la ligne à partir du dessus du livre, puis tracez celle de sa base.

« Pour bien définir la structure, considérez les livres comme un ensemble de rectangles. »

5 Tracez la ligne de la table pour ancrer les objets. Dessinez les deux livres du dessous. L'espace négatif qu'ils forment aide à définir l'angle du livre vertical. Effacez les points de fuite et la grille une fois qu'ils ne vous servent plus.

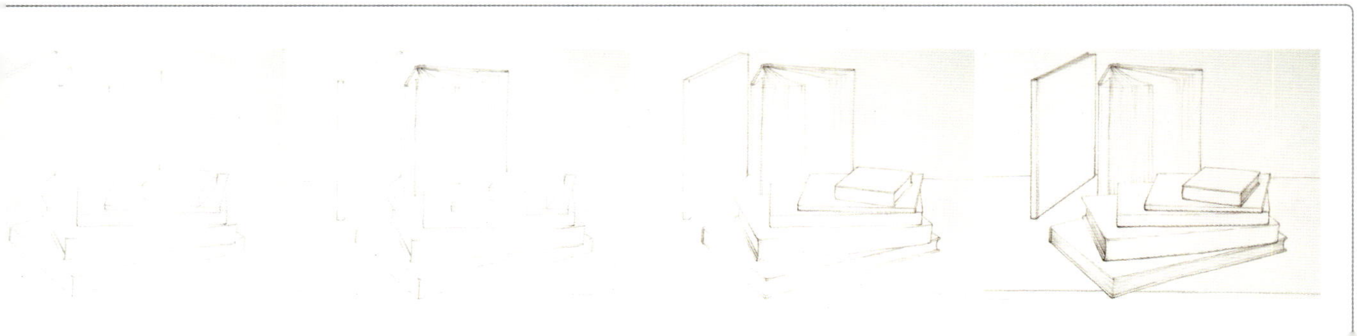

6 Pour tracer la ligne verticale du livre de gauche, parallèle au bord du papier, repérez le bas de la ligne. Mesurez au crayon sa distance jusqu'au bord du papier, puis reportez la mesure pour repérer le sommet de la ligne.

7 Dessinez les lignes fines au crayon H. Réalisez des traits biens nets pour suggérer les pages du livre vertical, en diminuant la pression à mesure que vous vous éloignez de la reliure. Utilisez le crayon HB pour les couvertures.

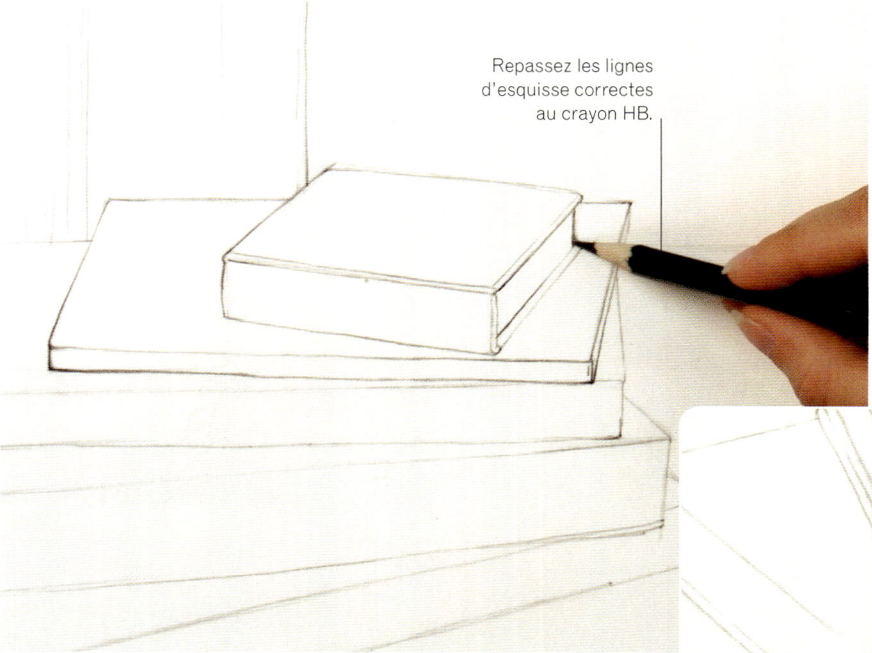

EXERCICE DE DESSIN

Dessinez vos propres agencements, en commençant par deux livres : l'un debout, l'autre couché. Ajoutez-en d'autres peu à peu pour vous entraîner. Les mesures, garantissant l'exactitude des proportions, et le travail des angles et de la perspective deviendront rapidement des automatismes.

8 Peaufinez les lignes du petit livre au crayon HB. La pression doit décroître à mesure que les lignes s'éloignent. Effacez les lignes incorrectes, et insistez sur les autres. Procédez de même pour chacun des livres couchés.

9 Tracez au crayon 4B les lignes épaisses et foncées des livres du premier plan et une ligne d'ombre plus dense à la base de chaque livre. Ajoutez au crayon H les lignes discontinues des pages. Dessinez au crayon 4B la ligne du plateau de la table et des lignes verticales suggérant un pied et des tiroirs.

▼ Nature morte de livres

Ce type de dessin vous permet de tester vos connaissances techniques et les multiples possibilités offertes par les crayons. Les formes de cette composition géométrique se font écho, comme les éventails créés par les pages verticales et les livres couchés.

3 Chemin de campagne

Ce paysage graphique, où la vue est ponctuée d'une imposante bâtisse au plan intermédiaire, utilise des lignes de force pour créer l'impression d'éloignement du premier plan vers les collines au loin. Les talus en bordure mènent le regard le long du chemin, vers la bâtisse, puis l'arrière-plan. La perspective aérienne, consistant à représenter les objets distants de manière moins nette qu'ils ne le sont en réalité, accentue l'effet de profondeur. Pour cela, le fusain est idéal car il produit aussi bien des noirs profonds que des gris clairs.

MATÉRIEL

- Papier à dessin A3
- Crayon fusain
- Fusain comprimé
- Bâtonnet de fusain de saule
- Pinceau doux pour aquarelle

TECHNIQUES

- Utilisation de lignes de force
- Utilisation de la perspective aérienne
- Hachures
- Travail du ton

1 Esquissez au crayon fusain les lignes principales de la scène pour définir la composition (*voir p.* 57). Veillez à n'exercer qu'une légère pression puisque ces lignes ne sont destinées qu'à vous guider et que vous pourrez être amené à les modifier.

2 Attachez-vous ensuite au ton. Plisser les yeux en regardant une scène aide à déterminer les zones d'ombre et de lumière et à les voir comme des formes nettes. Travaillez les zones de ton par des hachures au crayon fusain.

3 À l'aide du bâtonnet de fusain comprimé, accentuez les zones les plus sombres du talus. Ne recouvrez pas les branches des arbustes qui doivent rester blanches. Définir plus distinctement le talus permet de l'avancer dans le dessin.

ÉTAPES DU PROJET

4 Adoucissez les tons sombres dominant la composition par de légers coups de pinceau. Ce dernier permet également de répartir plus uniformément le fusain sur le papier et, au besoin, de supprimer les marques indésirables.

« Placez les lignes les plus intenses au premier plan. »

5 Figurez légèrement les détails de l'arrière-plan à l'aide du crayon fusain. Les lignes des collines lointaines doivent rester délicates pour suggérer la distance par rapport au premier plan plus marqué.

6 Travaillez le ton du toit de la bâtisse à l'aide de la tranche du fusain de saule. Les zones de ton au fusain de saule sont plus claires et plus douces que celles réalisées au fusain comprimé.

7 Avec la pointe du crayon fusain, ajoutez des détails tels que les fenêtres, les gouttières, le toit pentu de la remise et le triangle de mur masqué par le feuillage devant la bâtisse.

8 Définissez les tons doux des collines par un léger balayage de la tranche du bâtonnet de fusain de saule. Cet ombrage flou contribue à l'effet de perspective aérienne et de profondeur.

9 Reproduisez au crayon fusain les lignes des blocs de pierre bordant le chemin. L'ouvrage de pierres et de briques accentue l'effet d'éloignement et constitue un élément structurel auquel fait écho la bâtisse.

NIVEAU DE DÉTAIL

Le fusain est adapté aux paysages : le crayon permet de réaliser finement les détails, le bâtonnet de travailler des zones plus larges. Les détails doivent être suffisants pour capter l'attention sans pour autant brider l'imagination.

10 Travaillez le ton du chemin en effleurant le papier horizontalement avec la tranche du bâtonnet de fusain de saule. Réservez des zones de papier vierge pour suggérer la lumière et faire ressortir les pierres.

▼ Chemin de campagne

La transition progressive du premier plan à l'arrière-plan constitue l'une des difficultés des paysages. La perspective aérienne s'avère utile, surtout lorsque la scène comprend un chemin ou une rivière pour diriger le regard.

Ton

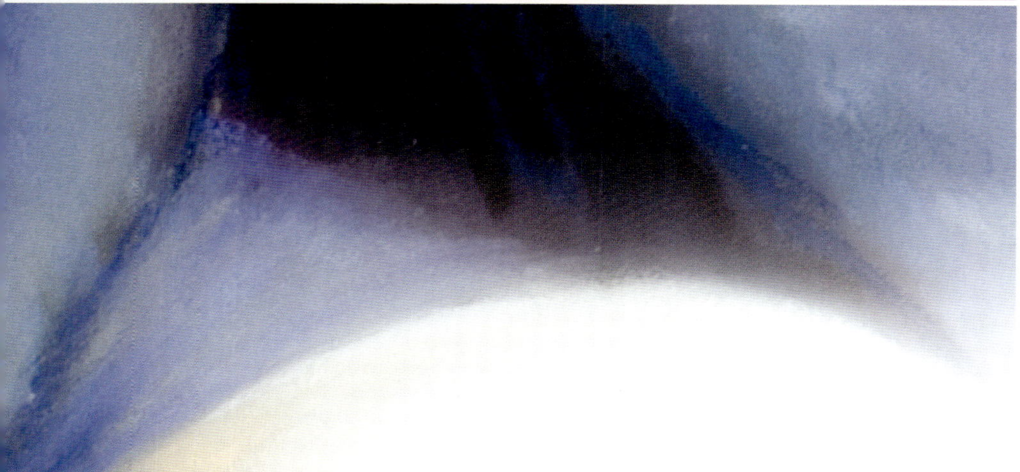

« L'ombre et la lumière suggèrent la profondeur et le volume. »

Ombre et lumière

En travaillant à l'extérieur, vous bénéficiez de la lumière naturelle, dont l'intensité évolue selon le temps, l'heure ou la saison. À l'intérieur, en revanche, la lumière est plus facile à maîtriser : les lieux orientés au nord offrent une lumière constante ; en outre, l'emploi d'une lumière artificielle permet de dessiner sans se soucier des variations lumineuses. L'éclairage d'un sujet et l'utilisation de tons recréant les ombres et les reflets confèrent aux dessins un aspect tridimensionnel.

EFFETS DE L'ÉCLAIRAGE

Une vive lumière artificielle crée un fort contraste d'ombre et de lumière accentuant les formes. Une lampe mobile, comme une lampe d'architecte, fournit une intense lumière directionnelle. Son emplacement affecte le jeu de lumière. Le caractère d'un dessin est ainsi lié à la direction de la lumière. À l'intérieur, la lumière naturelle est plus douce et diffuse que la lumière artificielle.

ÉCLAIRAGE FRONTAL

Lorsqu'un objet est éclairé de face, il semble décoloré, comme un visage photographié uniquement au flash. Même pâle, l'objet est cerclé d'ombre, comme le pichet ci-dessus.

ÉCLAIRAGE LATÉRAL

L'éclairage latéral, idéal pour les natures mortes, accentue le contraste d'ombre et de lumière et révèle les formes. La transition entre ombre et lumière peut être progressive ou brutale selon l'intensité lumineuse.

ÉCLAIRAGE EN CONTRE-JOUR

Un objet éclairé de l'arrière reste dans l'ombre et est souvent entouré d'un halo de lumière en présence d'un arrière-plan. À l'extérieur, vous observez le même effet lorsque vous dessinez face au soleil.

ÉCLAIRAGE DE TROIS QUARTS

La source de lumière est située à droite, au premier plan, au-dessus de l'épaule de l'artiste. L'intérieur et l'extérieur du pichet présentent un mélange d'ombre et de lumière. Cet éclairage est flatteur pour les portraits.

UTILISATION DU TON

Les zones de ton contrastées attirent l'œil, alors que les tons atténués se fondent dans l'arrière-plan. Dans les dessins en noir et blanc, un ombrage intense sur papier blanc produit un effet saisissant. Les tons gris suggèrent, eux, la distance. Le ton s'utilise seul ou combiné au trait pour créer profondeur et volume. Fusain et pastel sont parfaits pour les modelés.

Pointillage

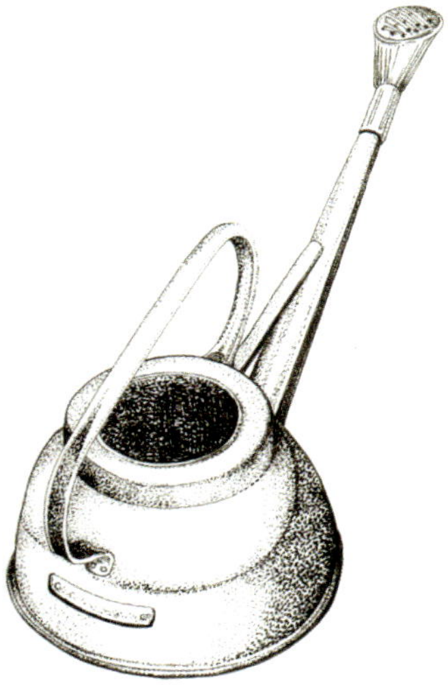

Le pointillage est l'une des nombreuses méthodes pour travailler le ton. La dimension et l'espacement des points permettent de faire varier sa densité.

Ton en couleur

Les couleurs possèdent un ton sombre ou clair. Pour éclaircir une couleur, il suffit de réduire la quantité de pigment appliquée, comme sur la partie droite du dessin. Plisser les yeux vous aidera à comparer le ton des différentes couleurs combinées.

Trait ou ton ?

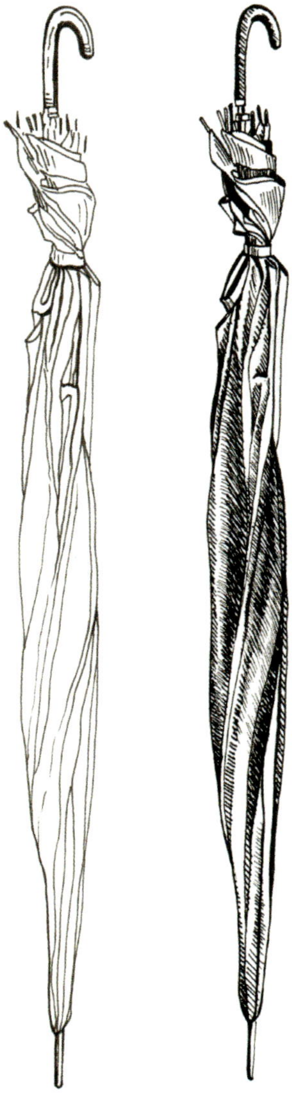

Le premier parapluie est un dessin exclusivement réalisé au trait, le deuxième combine trait et ombres en hachures, révélant clairement les plis du tissu. À vous de choisir la technique que vous préférez.

Ton sélectif

Le fait de détailler une partie seulement d'un dessin crée un centre d'intérêt. Ici, l'économie de lignes du lit mène le regard vers la tête du personnage endormi. La verticale du coin et la partie de mur hachurée suffisent à situer la scène. Les différentes profondeurs de ton ont toutes été réalisées avec le même crayon.

Galerie

Combiné ou non au trait, le ton suggère la consistance et le volume, et confère du relief aux dessins en noir et blanc.

◀ Fabric study

Le cadrage du sujet focalise l'attention sur l'étoffe extrêmement réaliste. La lumière souligne les saillies du tissu au-dessous de la ceinture, tandis que les plis se retranchent dans l'ombre. *Liane Holey*

▲ Profile of a young woman

Les traits baignés de lumière de ce visage renforcent son expression pensive. Le ton réalisé au crayon, qui s'intensifie de la joue au cou, contraste par rapport au blanc de la coiffe. La pommette est soulignée d'une zone de hachures croisées. *Liane Holey*

◀ Farmyard

Dans cette œuvre au bâtonnet Conté, ton et composition sont complémentaires : l'œil est guidé de la masse obscure du cheval à la forme blanche de la vache, puis à l'escalier, et ramené vers le bas par les hachures sombres de l'arbre. *George Wesley Bellows*

◀ Eggs

Le ton est aussi important dans les dessins en couleur. Le pastel sec tendre traduit bien la texture mate des œufs, avec le lilas de l'étoffe se reflétant dans les ombres. *Jennifer Mackay Windle*

▼ Seated nude

La lumière tombe sur la poitrine, le ventre, les avant-bras et les cuisses du modèle. Les bandes de ton gribouillé et estompé au bâtonnet Conté sont contrebalancées par une seconde source de lumière éclairant le dos de la femme. *Isabel Hutchison*

▼ En marche (Walking)

Le bâtonnet Conté convient admirablement aux dessins en modelé. La silhouette, entourée d'un halo, émerge du fond, dans cet équivalent monochrome du pointillisme des peintures à l'huile de l'artiste. *Georges Seurat*

4 Coquillages

Dans ce dessin, le contraste de textures lisses et torturées est reproduit à l'aide de crayons graphite tendres et durs sur du papier mi-teinte. Ombre et lumière sont mises en valeur pour simuler la profondeur et la densité. Le papier légèrement rugueux modèle les zones de ton et accentue l'impression de relief des formes. Pour renforcer l'intérêt de la composition, les coquillages sont fortement éclairés d'un côté par une seule source de lumière, qui projette des ombres saisissantes sur cet agencement minimaliste.

MATÉRIEL

- Papier mi-teinte pêche légèrement texturé A4
- Gomme mie de pain
- Crayons graphite 2H, H, B, HB, 2B et 4B

TECHNIQUES

- Hachures pour traduire le ton et la forme
- Réalisation de reflets à la gomme mie de pain

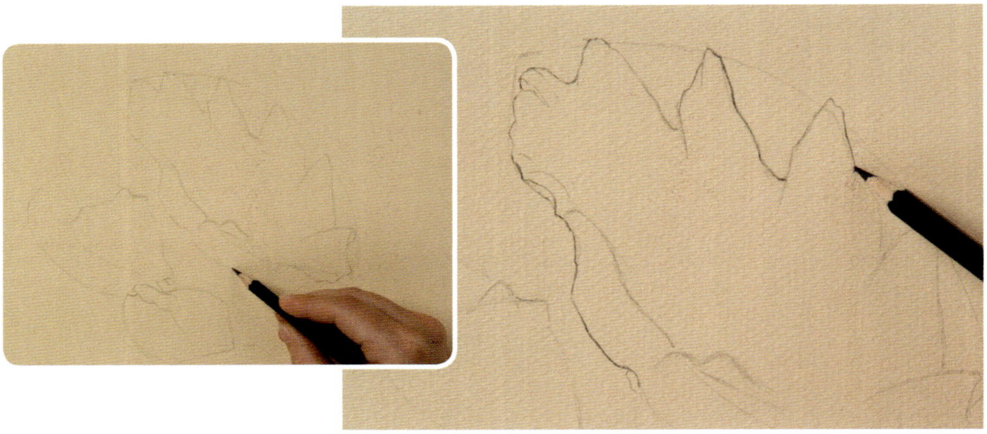

1 Esquissez légèrement les contours des coquillages au crayon HB (*voir p. 67*) et gommez vos erreurs. Repérez les espaces négatifs autour des coquillages pour bien définir leur forme et leur emplacement. Repassez les traits corrects au crayon 2B.

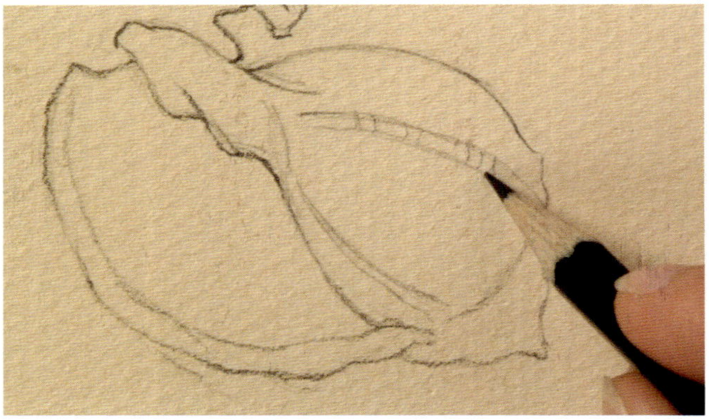

2 Avec le crayon HB, ajoutez certains détails au premier coquillage. Modérez la pression exercée afin d'obtenir des lignes délicates que vous pourrez gommer en cas d'erreur. Vérifiez régulièrement les angles à l'aide du crayon.

3 Peaufinez les autres coquillages en détaillant leur structure au crayon 2B, sans trop appuyer afin de pouvoir modifier vos traits. Prenez le temps de parfaire le dessin, en particulier les contours, avant de passer à l'ombrage.

ÉTAPES DU PROJET

4 Commencez l'ombrage au crayon 2B. Maintenez une pression constante et tracez de délicates hachures épousant la forme en éventail du coquillage du fond pour définir sa forme et poser la première couche de ton.

« Avant de peaufiner les détails, vous devez être satisfait des contours. »

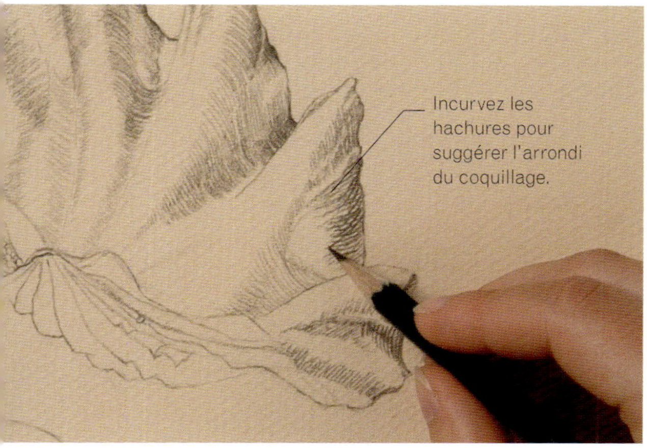

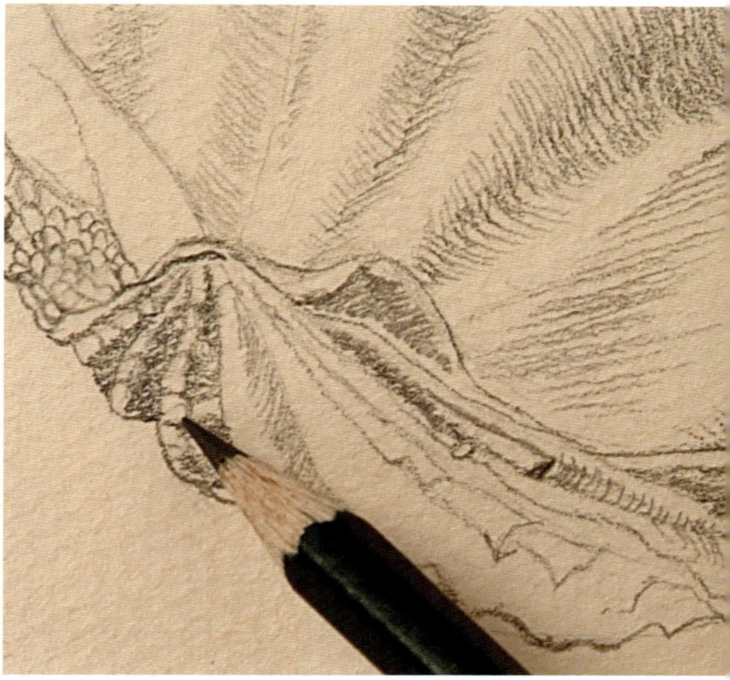

5 Ajoutez une autre couche de hachures au crayon 2B. Suivez les contours du coquillage en appliquant une pression un peu plus soutenue pour les ombres les plus foncées. Utilisez le crayon H pour les détails délicats.

6 Travaillez, toujours au crayon H, le dessous cannelé du coquillage de droite. À l'aide du crayon B, hachurez les parties creuses pour les assombrir et leur donner de la profondeur.

7 Travaillez le relief de la forme intérieure du gros coquillage de droite en passant légèrement le coin de la gomme mie de pain sur les parties bombées, de haut en bas, afin de créer des reflets.

8 Étudiez attentivement l'emplacement des zones de ton les plus sombres. Accentuez-les par des couches supplémentair de hachures serrées au crayon 2B. Les ombres intenses forment un fort contraste par rapport aux reflets.

CONSEILS SUR LE TON

Plissez les yeux pour identifier aisément les zones d'ombre et de lumière d'un sujet. Lorsque vous travaillez le ton, placez un morceau de papier sous votre main afin d'éviter toute tache.

9 Donnez du volume au petit coquillage par des hachures régulières tracées au crayon 2H. Accentuez l'ombrage de l'intérieur au crayon HB, puis utilisez le crayon 2B pour les zones les plus foncées.

10 Peaufinez le coquillage de gauche au crayon HB en soignant sa texture. Notez la manière dont l'éclairage latéral souligne sa forme et accentue le contraste des tons.

11 Travaillez le ton de la partie principale du coquillage par de délicates hachures croisées réalisées au crayon 2B et qui traduisent bien sa texture irrégulière.

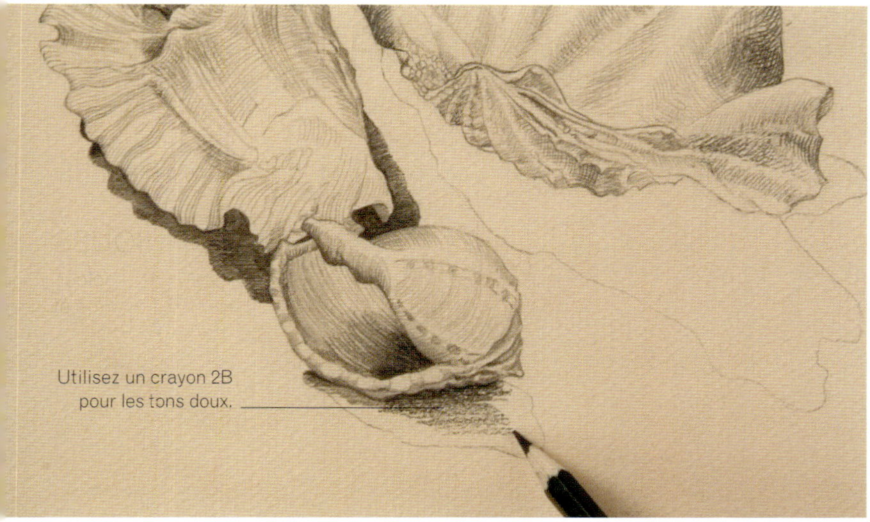

12 Délimitez légèrement les ombres projetées par les coquillages au crayon H. Ombrez les zones les plus sombres, sous les coquillages, avec la tranche de la mine du crayon 4B. Réalisez les ombres plus douces au crayon 2B.

▼ Coquillages

Des hachures simples réalisées avec différents crayons confèrent aux coquillages du volume et de la texture. Le saisissant éclairage latéral souligne le contraste entre l'ombre et la lumière et accentue l'impact de la composition.

5 Portrait d'une jeune femme

La couleur du papier teinté fournit le ton moyen de cette étude monochrome au crayon Conté. La vue de trois quarts, comme dans ce dessin, est un angle courant pour les portraits classiques, sans doute le plus intéressant pour un visage. La principale source de lumière est à gauche du visage. Une source secondaire l'éclaire du dessus. Le modèle est placé en hauteur par rapport à l'artiste. Cet angle de vue combiné au fort contraste entre les tons clairs et sombres souligne la nature sculpturale de la tête et renforce l'impact du dessin.

MATÉRIEL

- Papier pastel teinté A3
- Bâtonnets Conté noir et blanc
- Colour shaper
- Gomme plastique

TECHNIQUES

- Estompage au colour shaper, à la gomme et au doigt
- Suivi des formes d'un sujet
- Réalisation de reflets

1 Ébauchez légèrement la forme de la tête avec la tranche du bâtonnet noir (*voir p. 73*). Privilégier le ton léger au trait vous permettra de cadrer plus facilement la tête sur la feuille. Le côté gauche du visage, dans l'ombre, doit être assombri.

2 Utilisez le manche du colour shaper pour apprécier les mesures : distance du menton à la base du nez, longueur du nez et distance du sommet du nez à la naissance des cheveux. Tracez de légères lignes noires comme repères.

ÉTAPES DU PROJET

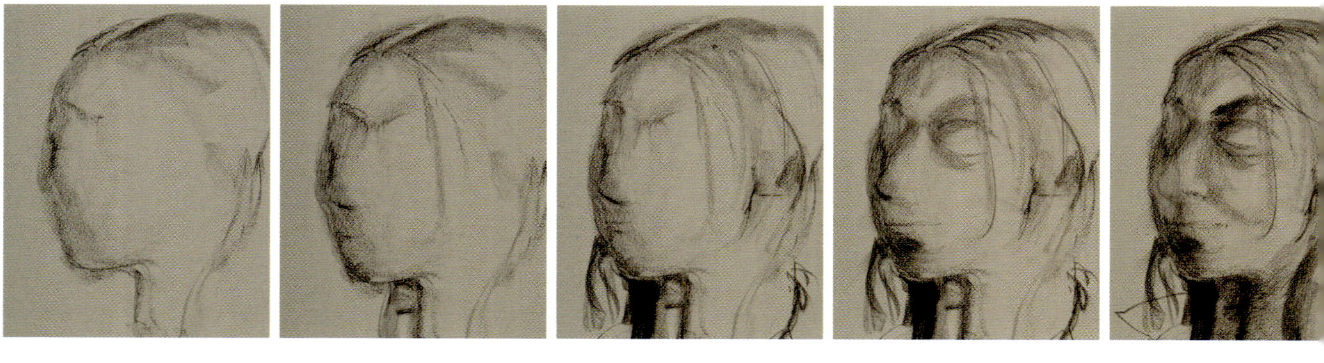

3 Dessinez les mèches sous le menton, du côté gauche du visage. Travaillez en ton moyen, par pression modérée. Une fois satisfait du résultat, accentuez le ton en augmentant la pression.

TRAITS DU VISAGE

Si le modèle est à votre hauteur d'œil, ses yeux sont à mi-hauteur du visage. Si l'angle de vue est abaissé (le modèle est placé en hauteur), la position des traits du visage se modifie. Fiez-vous à vos yeux et à vos mesures pour placer les yeux, le nez, la bouche et les oreilles quelle que soit la position du modèle.

4 Dessinez à la pointe du bâtonnet des mèches de cheveux épousant la forme de la tête. Indiquez légèrement les courbes des orbites et des joues en utilisant le bord du bâtonnet.

5 Vérifiez l'exactitude des distances de la bouche au nez et du nez aux yeux, puis du sommet à la base de la tête. Corrigez vos erreurs en effaçant les traits de bâtonnet Conté à l'aide de papier absorbant ou de la gomme.

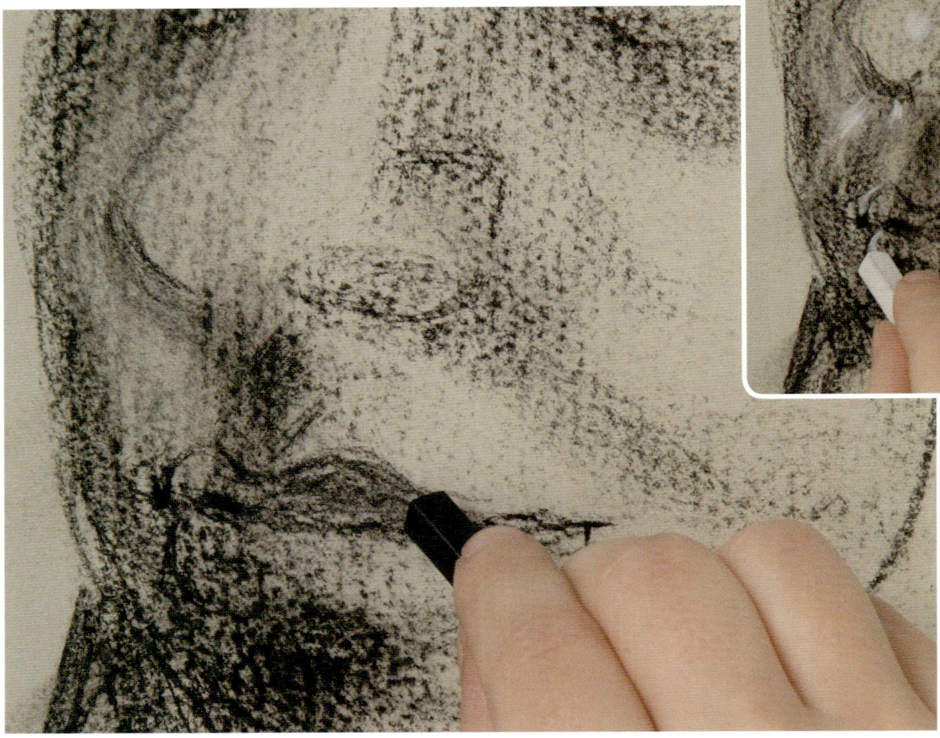

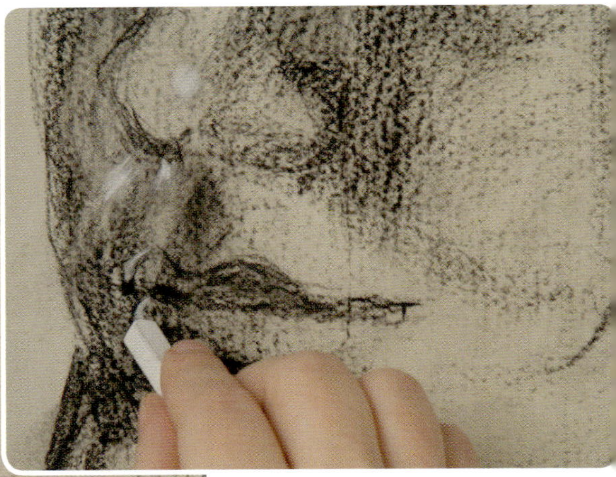

6 La bouche est à environ un tiers du visage. Tracez le contour des lèvres en noir, puis indiquez les reflets en blanc sous le nez et sur les lèvres. Ces traces blanches servent de repères car les reflets ne seront ajoutés qu'à la fin.

« Effacer le ton est aussi important que l'ajouter. »

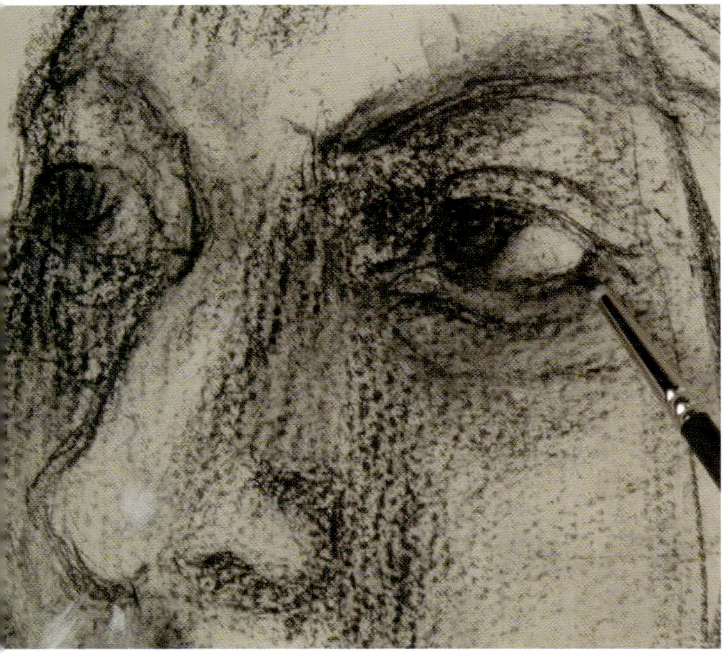

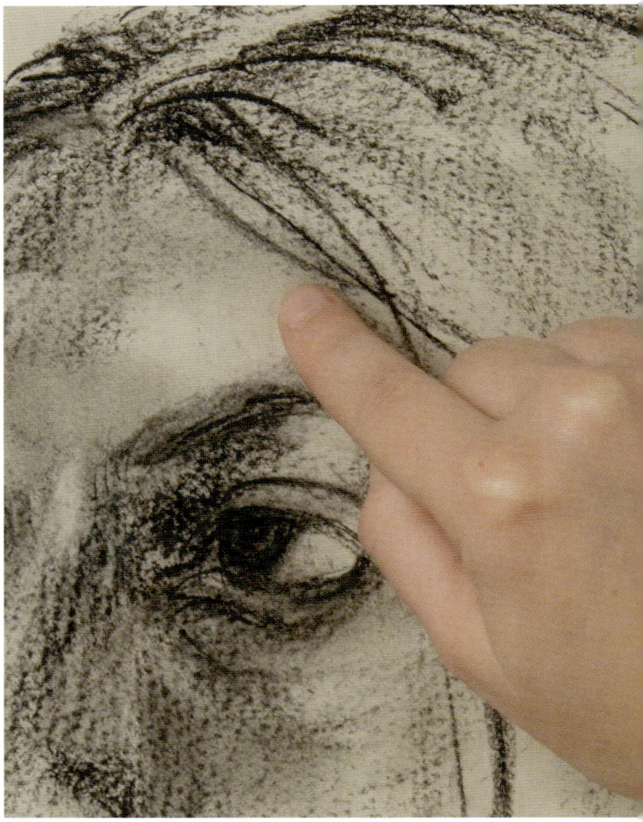

7 Détaillez les yeux, paupières et sourcils au bâtonnet noir. Utilisez le colour shaper, sorte de gomme montée sur un crayon, pour estomper les différents tons autour des yeux, puis essuyez-le sur du papier absorbant.

8 Créez un reflet sur le front au colour shaper et estompez trace au doigt. Procédez de même sur l'arcade sourcilière et les pommettes. Le dessin comprend à présent des tons clairs, foncés et moyens.

9 Donnez de brefs coups de bâtonnet noir sous le menton en suivant les contours du visage afin d'avancer visuellement la tête. Travaillez le ton par petits coups incurvés afin de dessiner les joues et le cou dans l'ombre.

10 Utilisez la tranche du bâtonnet noir pour modeler les cheveux et le sommet de la tête, sans trop les détailler. Affinez le ton en travaillant les zones d'ombre et de lumière du dessin.

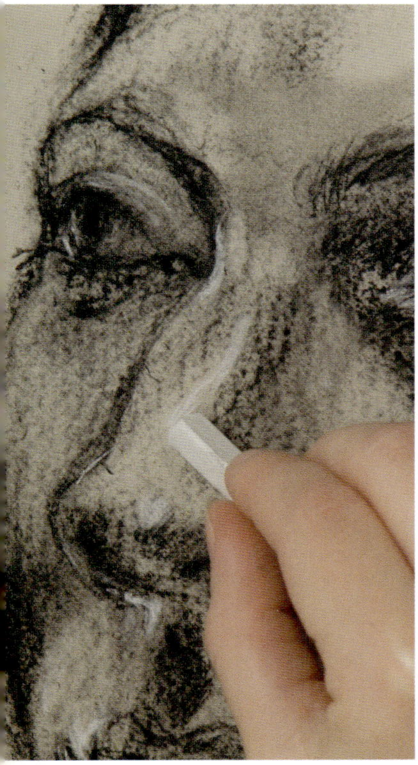

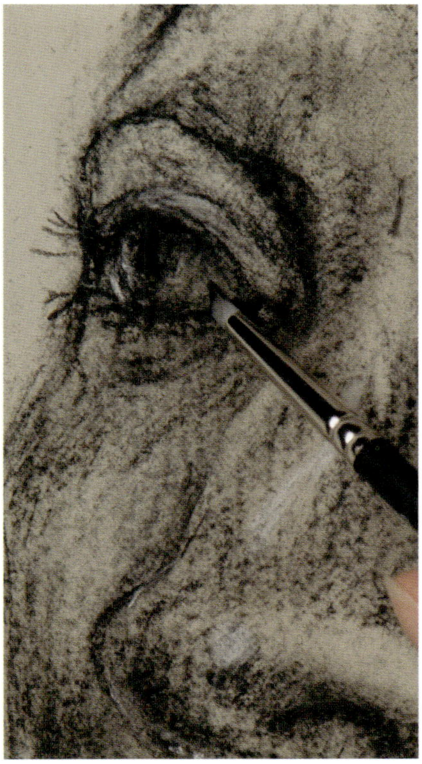

11 Effacez le ton le long de l'arête du nez à l'aide de la gomme et tracez un reflet jusqu'au bas du nez avec le bâtonnet blanc. Ajoutez un reflet juste sous le nez, entre les narines.

12 Utilisez le colour shaper pour peaufiner les détails autour des yeux et créer des reflets au-dessus et au-dessous des yeux. Effacez le ton pour créer des reflets dans le blanc des yeux.

13 Révélez le papier avec la gomme afin de créer les larges zones de ton moyen du front. Puis passez-la délicatement sur la joue droite pour modifier le ton. Vérifiez sur le modèle les zones de lumière.

14 Utilisez le bord de la gomme pour créer des reflets dans les cheveux. Foncez les cheveux autour des reflets pour accentuer le contraste à l'aide du bord du bâtonnet Conté noir.

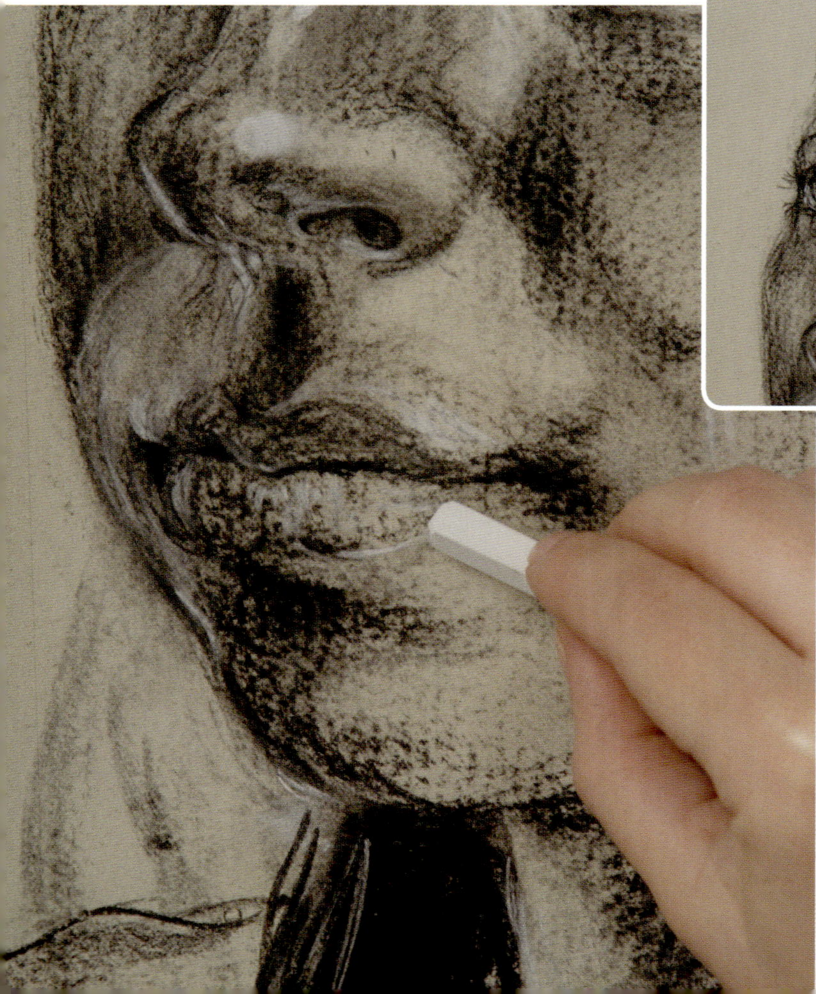

15 Ajoutez les derniers reflets à la pointe du bâtonnet blanc. Tracez une fine ligne sous le côté de la bouche et du nez, puis le long de la naissance des cheveux pour créer un contraste avec la mèche sombre retombant devant le visage du modèle.

Portrait d'une jeune femme ▶

Le modelé peut se réaliser assez simplement à l'aide de bâtonnets Conté blanc et noir sur un papier teinté fournissant le ton moyen. Dans ce portrait, ce sont les tons sombres qui sont travaillés en premier. Les reflets du visage et des cheveux sont ajoutés dans la phase finale du dessin.

6 Étude de perroquet

Dans ce dessin complexe au trait, les variations de densité des lignes du plumage et des tons suggérant la forme de l'oiseau ont été créées à l'aide de quatre feutres professionnels. Hachures, pointillés et gribouillages se combinent ici pour représenter les différents types de plumes et traduire la forme et le volume du corps du perroquet. Remarquez le travail graduel des tons, effectué à partir de l'esquisse initiale au crayon, et qui permet de reproduire la masse duveteuse et dodue caractéristique du sujet étudié.

MATÉRIEL

- Papier à dessin de grammage moyen A4
- Crayon HB
- Feutres professionnels 0,1, 0,3, 0,5 et 0,7

TECHNIQUES

- Hachures parallèles et hachures croisées
- Variation d'intensité des traits
- Pointillage

« Ombre et lumière suffisent à traduire les nuances de texture et de forme. »

FEUTRES PROFESSIONNELS

Les feutres professionnels produisent des traits uniformes, quelle que soit la pression exercée. Pour travailler le ton, vous devez donc recourir au hachurage ou au pointillage. Plus le numéro du feutre est élevé, plus le trait créé sera fin.

1 Esquissez légèrement le contour du perroquet et de ses plumes au crayon HB. Commencez l'encrage au feutre 0,1, à partir de la tête, en vous basant sur le croquis. Réalisez de petites hachures courbes en suivant le plumage.

ÉTAPES DU PROJET

2 Ébauchez la première couche d'ombrage par des hachures, en procédant depuis la tête jusqu'au cou. Resserrez les hachures pour intensifier le ton sur les zones sombres. Les traits doivent être incurvés pour suivre les contours.

3 Travaillez méthodiquement sur tout le corps de l'oiseau en respectant la croissance naturelle des plumes, vers le bas. Tracez au feutre 0,3 de petits traits de direction sur les plumes plus larges de l'aile.

4 Reproduisez l'aspect duveteux des plumes de la poitrine par de petits traits tracés de haut en bas au feutre 0,3, en resserrant les hachures par endroit afin de renforcer les tons les plus foncés.

ESQUISSE

Pour un dessin travaillé au feutre, commencez par réaliser une esquisse au crayon. Le crayon s'efface, mais le feutre est indélébile.

5 Commencez à travailler la zone d'ombre située entre l'aile et la poitrine en appliquant des coups de feutre 0,5 réguliers vers le bas. Il s'agira de la zone la plus sombre du dessin.

6 Remplissez l'œil à l'aide du feutre 0,3 en réservant un point pour le reflet, reproduit par le blanc du papier. Ce reflet donnera vie au regard du perroquet.

CLAIR OU FONCÉ

Lorsque vous dessinez au feutre, servez-vous du blanc du papier pour mettre les traits en valeur, réaliser des reflets et créer des contrastes.

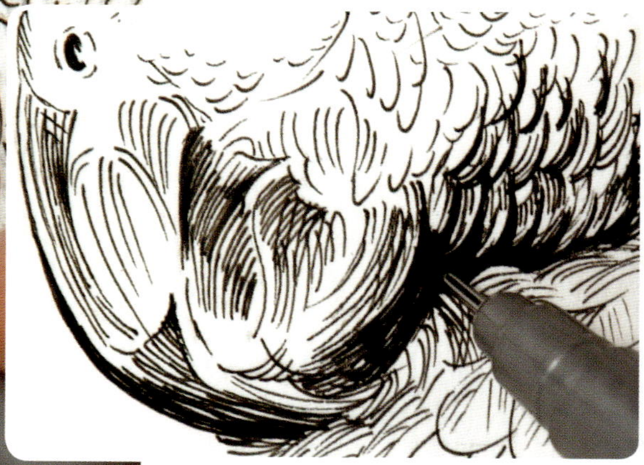

7 Peaufinez les détails de la tête au feutre 0,3. Utilisez de petits traits incurvés pour les minuscules plumes situées autour de l'œil et du bec. Renforcez au feutre 0,5 le ton sous le bec par une seconde couche de hachures en suivant la forme incurvée

8 Suivez les contours des grandes plumes individuelles des ailes à l'aide du feutre 0,3 afin de faire ressortir leur motif linéaire.

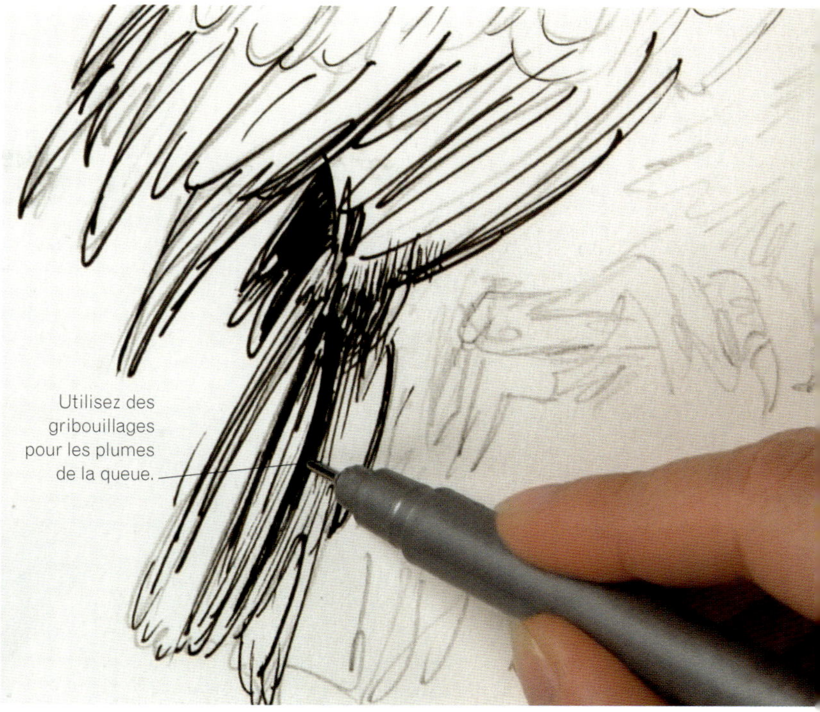

9 Les plumes de la queue sont plus ébouriffées. Réalisez des hachures vers le haut et vers le bas au feutre 0,5 en gardant la main souple afin d'en reproduire les subtiles variations de ton.

10 Ajoutez au feutre 0,5 de nouvelles hachures croisées serrées pour accentuer davantage l'ombre sous l'aile. Cette ombre dense donne du relief et avance l'aile du perroquet par rapport à son corps.

11 Peaufinez la surface de l'aile en repassant les contours des plumes au feutre 0,7 afin de les épaissir. Cette étape permet de finaliser l'effet de superposition des plumes de l'aile.

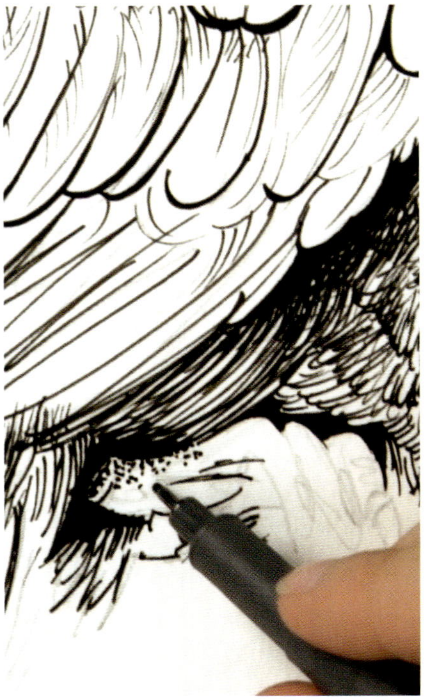

12 Terminez l'ombrage du dessous de l'aile. Superposez des hachures réalisées de haut en bas au feutre 0,3 pour renforcer le ton. Colorez entièrement le papier autour du perchoir.

13 Ombrez le perchoir au feutre 0,3 en utilisant la technique du pointillage afin de le distinguer du perroquet. Plus les points sont rapprochés, plus le ton est foncé. Variez la densité du pointillage.

14 Ajoutez de petites hachures régulières pour accentuer le ton des plumes qui se trouvent dans l'ombre (ici, le bord inférieur de l'aile). Ces hachures suggèrent la courbure de l'aile.

15 Pour finaliser le dessin, peaufinez au besoin les détails. Le fait de repasser les contours des plumes individuelles au feutre 0,7 permet de reproduire l'aspect ébouriffé du plumage du perroquet.

▲ Étude de perroquet

Face à un sujet complexe, il est plus facile de se concentrer sur la texture de la surface et d'oublier la forme au-dessous. Ce projet montre comment travailler le ton permet de suggérer le poids et le volume du corps du perroquet sous le plumage.

Composition

« Concevez votre dessin :
la composition
est cruciale. »

Élaboration d'un dessin

Vous pouvez organiser librement la composition d'un agencement statique tel qu'une nature morte ou un portrait. De même, lorsque vous vous inspirez d'une scène extérieure ou de sujets en mouvement, vous devez prévoir minutieusement la disposition de chacun des éléments ainsi que leurs relations. Diverses méthodes permettent de conduire l'œil vers des zones spécifiques du dessin. Modifier la scène et déplacer ou exclure certains objets permet de conférer à la composition un réel dynamisme.

MISE EN SCÈNE D'UNE NATURE MORTE

Les natures mortes sont régies par certaines règles. La scène doit contenir un objet haut (au besoin, utilisez un support). Évitez d'aligner les objets, faites-les se chevaucher sur plusieurs plans, sans masquer les plus petits. Pensez aux espaces négatifs : la composition doit être aussi harmonieuse vue à l'envers, lorsque les formes ne sont pas reconnaissables.

Choix des objets

Même si vous choisissez avec soin des objets de formes et de tailles variées, la composition sera sans intérêt si vous les alignez sur le même plan.

Suggestion de la profondeur

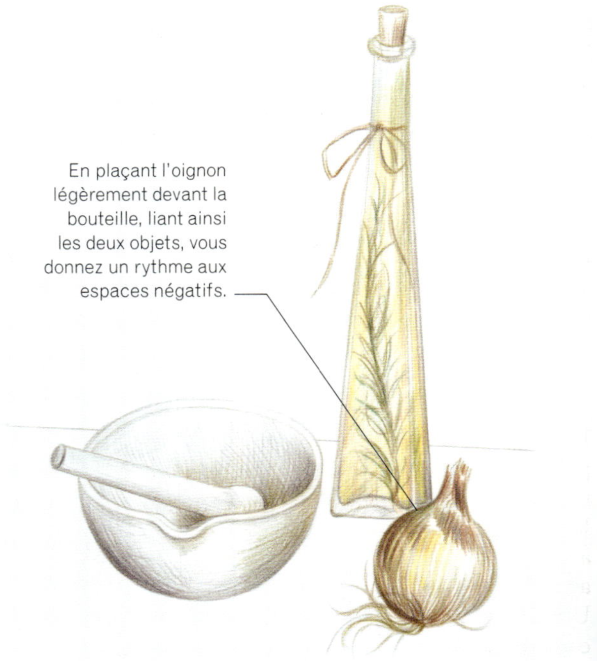

En plaçant la bouteille à l'arrière-plan, vous donnez de la hauteur et de la profondeur à votre composition. Le pilon guide l'œil vers la bouteille.

Éloignement

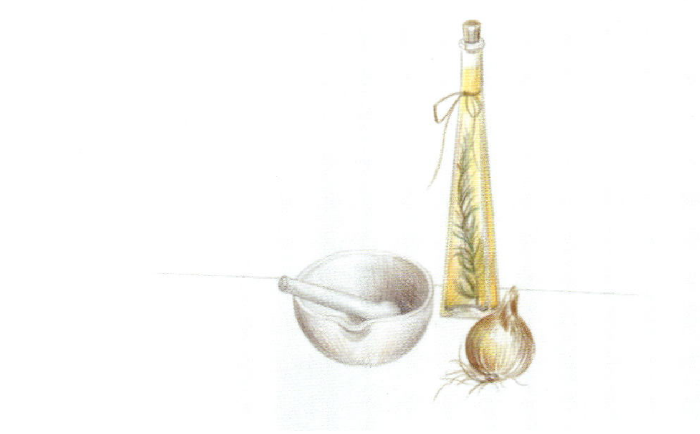

La nature morte se perd sur la feuille : il est plus judicieux d'adapter l'agencement des objets en fonction du format et de la dimension du papier.

Rapprochement

Les éléments occupent tout l'espace. Il n'est pas nécessaire de les représente en entier. Un cadrage tronqué peut créer des effets intéressants.

CHOIX D'UN ANGLE DE VUE

Une fois la dimension et le format du papier choisis, vous devez décider de l'angle de vue. La scène paraîtra familière et rassurante si vous la placez à hauteur d'œil. Un angle de vue bas (vous êtes assis ou allongé sur le sol) produira un effet original : les objets sembleront vous dominer. Avec un angle de vue en hauteur, les objets auront l'air plus petits.

Hauteur d'œil

Le point de vue le plus simple et le moins risqué est celui de votre hauteur d'œil, lorsque vous êtes assis (ou debout, si vous préférez dessiner ainsi).

Angle de vue bas

Un sujet placé en hauteur verra sa présence renforcée. Pour les portraits, notamment, le sujet paraîtra plus imposant et plus puissant.

Plongée

Une vue du dessus permet de voir l'intérieur des objets. Un angle de vue (même très légèrement) élevé révèle le haut des objets.

PAYSAGES

Pour choisir la meilleure vue d'un paysage, et en préparer la meilleure composition, il vous faudra vous déplacer, observer et réaliser plusieurs croquis. Éliminez les détails superflus, et n'hésitez pas à réorienter la scène. Vous devez obtenir un agencement à la fois équilibré et agréable à l'œil. Un bon cadrage renforce l'impact de la composition.

Les arbres forment un cadre naturel empêchant le regard de s'égarer au-delà de la scène. La maison se niche confortablement sous les branchages. Les arbres s'équilibrent parfaitement et créent une asymétrie plus stimulante pour l'œil que s'ils étaient de même dimension.

L'arc fait plonger le regard dans le dessin.

Des hachures obliques suggèrent les collines de l'arrière-plan.

L'arcade nous fait pénétrer au cœur du dessin, et notre œil suit naturellement la route bordée de maisons. L'ouvrage en briques renforce l'impact du premier plan et approfondit la perspective.

Galerie

Une bonne composition attire l'œil et l'invite à s'attarder. Chaque élément du dessin doit participer à l'équilibre de l'ensemble.

▲ Scène de rue à Paris

Le format inhabituel du tableau, imitant celui d'une rue, est découpé par des verticales tronquées. Les couleurs divisent la composition en deux bandes horizontales contrastées. *Henri de Toulouse-Lautrec*

▼ Nude study

Travailler sur une diagonale permet de dynamiser une pose statique. Ce type de composition utilise la technique du raccourci le pied est de même dimension que la tête. L'ombrage au crayon confère un aspect brillant aux courbes du corps. *Isabel Hutchison*

◀ Paysage avec vache

Le fusain crée une scène argentée où domine la masse centrale des arbres. L'arbre chétif de droite délimite un cadre pour la vache, conduisant le regard vers les silhouettes sous les branches. Le bâtiment qu'on devine au loin équilibre la présence de la vache et suggère la distance. *Jean-Baptiste Camille Corot*

▲ Hallway at Strawberry Hill

Les lignes de perspective mènent l'œil le long des dalles, éveillant la curiosité : qu'y a-t-il au détour du couloir ? La statue et la fenêtre à barreaux encadrent et équilibrent la composition en largeur. *Horace Walpole*

▲ Hare

La diagonale formée par le dos du lièvre, sa tête tournée et ses oreilles, dynamise la sérénité de ce sujet centré. De par sa forme triangulaire, l'animal est solidement ancré malgré le contexte simplement suggéré. *William Morris*

7 Nature morte domestique

Ces objets de cuisine, choisis pour leurs lignes simples, sont regroupés sur plusieurs plans, suggérant la profondeur et permettant d'attirer l'œil sur la relation entre les différentes formes. Les bords droits de la bouteille contrastent avec les rondeurs de la soupière, le centre d'intérêt, qui fait écho aux courbes du presse-citron. Les couleurs complémentaires, orange et bleu, suggérant les surfaces réfléchissantes, donnent vie à la scène et l'uniformisent. L'élaboration de la composition et le choix des couleurs vont de pair.

MATÉRIEL

- Papier pastel texturé A3
- Bâtonnet de fusain de saule
- Pastels secs bleu, vert clair, ocre jaune, brun foncé, rouille et blanc
- Fixatif
- Chiffons propres ou papier absorbant

TECHNIQUES

- Agencement d'une nature morte
- Mélange et estompage des pastels au chiffon et au doigt

Suggérez les jeux de lumière par la direction des marques.

1 Tracez les contours de la nature morte (*voir p. 89*) au fusain, en commençant par la soupière. Notez les ellipses de la soupière, de la base des bouteilles et du presse-citron. Travaillez sans appuyer afin de pouvoir corriger le tracé si nécessaire.

2 Ombrez les zones de ton les plus sombres des bouteilles, de la soupière et du presse-citron avec la tranche du pastel bleu. Suivez les courbes des objets. Au besoin, plissez les yeux pour mieux distinguer les zones sombres.

3 Procédez de même pour les tons clairs à l'aide des pastels ocre jaune et vert clair pour obtenir un contraste de couleurs. Travaillez également l'arrière-plan qui fait partie de la composition au même titre que les objets.

ÉTAPES DU PROJET

4 Une fois les tons clairs et foncés appliqués, ajoutez un ton moyen réalisé au pastel rouille. Le relief et la densité des objets commencent à prendre forme.

5 Estompez le bleu au doigt pour adoucir les contours des objets. Mélangez le vert clair au bleu sur la feuille pour obtenir un vert plus foncé, respectant la gamme de tons adoptée dans le reste du dessin.

DES DOIGTS PROPRES

Lavez-vous les doigts ou essuyez-les systématiquement sur un chiffon propre avant de mélanger ou d'estomper le pastel afin de ne pas ternir les couleurs.

6 Vaporisez un voile léger de fixatif sur votre dessin afin de coller les pigments sur le support, d'éviter les traînées et de préparer la surface à la couche de pastel suivante.

7 Repassez au pastel bleu les contours afin de faire ressortir les espaces négatifs et distinguer les objets de l'arrière-plan. Utilisez la tranche du pastel pour renforcer le contraste de tons et créer un motif de formes.

8 Tracez avec la pointe du pastel brun foncé les angles de la branche, par-dessus le bleu, afin de produire un trait épais. Notez que les droites de la branche font écho à celles des bouteilles, encadrant les courbes des objets situés au centre.

9 À l'aide d'un chiffon propre ou de papier absorbant, mélangez et estompez les zones de ton sombre pour les adoucir. Laissez transparaître la texture du papier en travaillant et en estompant les couches de façon légère et progressive.

10 Mélangez au doigt les zones de ton des surfaces pour conférer aux objets une texture lisse et douce. Lavez-vous les mains entre chaque couleur. Épargnez certaines zones afin de conserver le dynamisme du dessin.

11 Utilisez la pointe du pastel blanc po peaufiner les zones les plus brillante des surfaces réfléchissantes. Fixez votre nature morte.

Nature morte domestique ▸

Dessiner un groupe d'objets familiers permet de se concentrer sur les formes. Disposez-les sur plusieurs plans en les faisant se superposer pour un effet tridimensionnel. Le fait de traiter l'arrière-plan et les objets comme un ensemble contribue à l'homogénéité et au relief.

8 Vue d'un moulin à eau

Dans cet intéressant dessin au crayon, les principaux éléments de la composition s'agencent autour du centre d'intérêt, le moulin à l'arrière-plan. La bande horizontale de bâtiments menant vers le moulin et la ligne de la rive attirent l'œil dans le dessin et créent un vif effet de profondeur. Avec cet angle de vue, choisi après une série de croquis miniatures, la voûte du pont et la rambarde forment une fenêtre ovale, encadrant la scène et accentuant la perspective. L'attention est immédiatement concentrée sur le moulin.

MATÉRIEL

- Papier à dessin de grammage moyen A3
- Crayons B et 2B
- Gomme plastique
- Taille-crayon ou scalpel

TECHNIQUES

- Utilisation d'un viseur
- Mesures des angles au crayon
- Cadrage d'une scène
- Hachures parallèles et hachures croisées

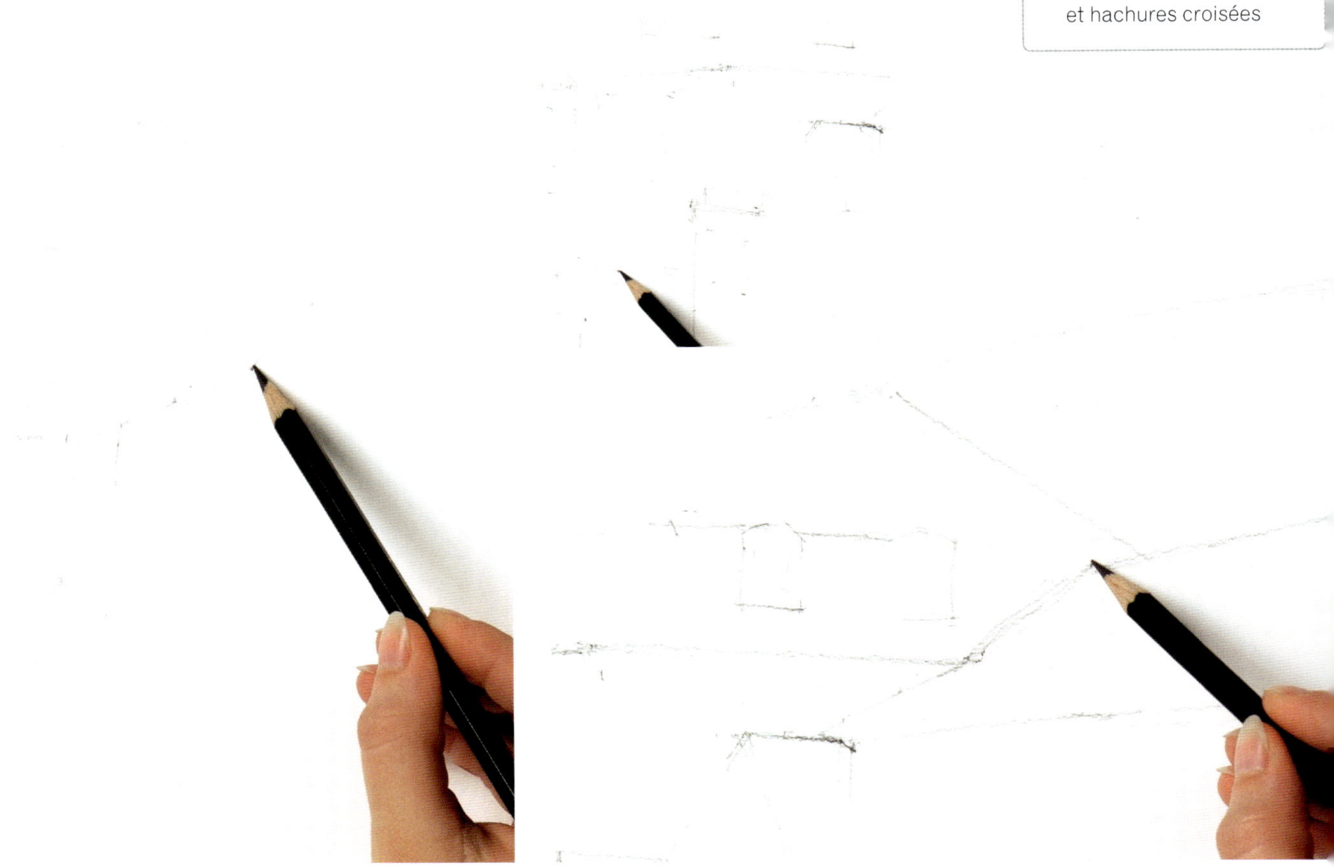

1 Travaillez au format paysage. Esquissez les formes principales du pont et des bâtiments au crayon B (*voir p. 93*). Veillez à ne pas appuyer sur le crayon, afin de pouvoir corriger le croquis si nécessaire.

2 Au besoin, prenez des mesures au crayon (*voir p. 20*) pour déterminer les angles des toits. Une fois les principaux éléments esquissés, reculez pour vérifier qu'ils sont bien à leur place. Repassez ensuite votre tracé au crayon.

ÉTAPES DU PROJET

3 Travaillez au crayon B la première couche de ton sur les zones importantes, par des hachures légères. Utilisez la pointe de la mine de votre crayon pour les détails précis des fenêtres.

4 Procédez ainsi pour l'ensemble du dessin, en restant dans les tons clairs. Votre travail doit demeurer à l'état d'esquisse afin que vous puissiez le modifier facilement si nécessaire.

5 À l'aide du côté de la mine, tracez de longues hachures verticales sur le pilier de gauche afin de le définir et ajoutez des tons clairs à droite pour accentuer la verticalité des bâtiments.

6 Ombrez les poteaux de la rambarde, en insistant un peu plus sur le crayon. Tracez des hachures croisées pour renforcer le ton et suggérer la forme arrondie de la rambarde.

7 Ombrez les briques supportant la voûte par des traits réalisés dans différentes directions afin de reproduire leur texture brute. Laissez-en certaines intactes pour plus d'impact. Procédez de même pour les autres briques du pont.

« De courtes hachures de directions différentes traduisent bien la texture. »

8 Créez au crayon 2B les ombres verticales des bâtiments se reflétant dans l'eau : réalisez un gribouillage en spirale en variant la pression sur le crayon afin de rendre la variété des tons clairs et foncés.

9 En utilisant le même crayon, accentuez les ombres les plus foncées. Vos crayons doivent en permanence rester bien taillés : préférez le scalpel au taille-crayon afin d'obtenir une mine plus longue facilitant l'ombrage.

10 Finalisez votre dessin en attirant l'attention sur le centre d'intérêt. Taillez la mine du crayon 2B, puis peaufinez et accentuez les détails du moulin à eau.

▼ Vue d'un moulin à eau

L'œil est attiré vers le centre d'intérêt, bien que situé au loin. Son encadrement, par la voûte et la rambarde, forme une composition efficace où les bâtiments mènent l'œil le long de la rivière. La riche combinaison de traits et textures des éléments d'architecture contribue à l'effet de profondeur.

9 Nu assis

Composition et élaboration sont les clés du dessin d'après nature. Ici, après quatre croquis, une composition simple a été sélectionnée pour servir de base à une étude plus poussée. L'homme, placé au centre, divise le papier verticalement depuis sa tête jusqu'à sa jambe gauche en passant par son torse, et horizontalement, du bras droit à la jambe droite, créant une composition en croix. Dans le dessin final, les tons foncés travaillés au fusain cohabitent de façon harmonieuse avec les reflets réalisés à la gomme pour un impact saisissant.

MATÉRIEL

- Papier à dessin de fort grammage A3
- Crayon
- Bâtonnet de fusain de saule
- Fusain comprimé
- Gomme mie de pain

TECHNIQUES

- Raccourci des membres
- Tons estompés

RECHERCHE DE LA POSE

Les croquis vous permettent de vous « échauffer » et de déterminer la composition du dessin. Réalisez quelques esquisses de différentes poses au fusain de saule en vous accordant de trois à cinq minutes pour chacune d'elles. La pose choisie doit être suffisamment confortable pour le sujet et offrir une composition intéressante. Ici, c'est la première pose, éclairée latéralement, qui a été retenue pour le dessin.

ÉTAPES DU PROJET

1 Prenez les mesures au crayon *(voir p. 20)* et repérez les principaux points sur le papier de sorte que les proportions soient correctes et que le sujet ne soit pas tronqué. Esquissez ensuite le contour du modèle au fusain *(voir p. 99)*.

2 Dessinez les espaces entre les différentes parties du corps afin de pouvoir positionner les bras et les jambes. Utilisez ensuite la tranche du fusain de saule pour ombrer les différents espaces négatifs autour des membres.

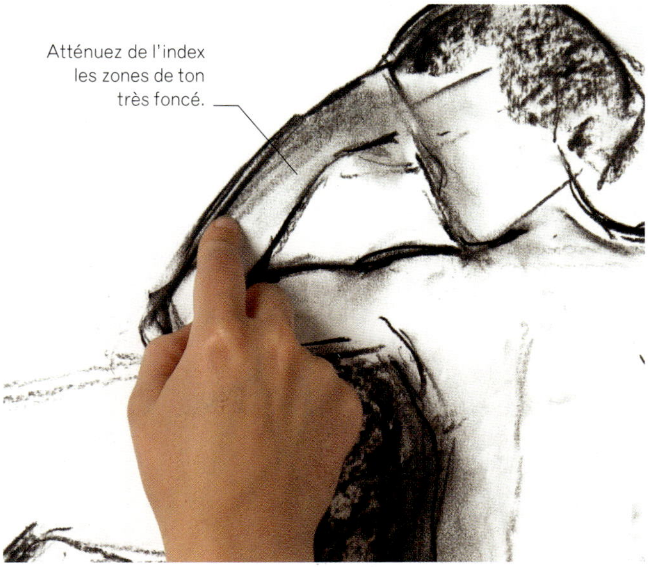

« Repérer les principaux points aide à positionner le sujet sur le papier. »

3 Repérez les zones de ton foncé. Estompez délicatement du doigt le contour du dessin en suivant le sens des bras et des jambes. Ce ton adouci forme la première couche d'ombrage et suggère déjà le volume du sujet.

4 Observez à présent les principaux reflets. Inclinez légèrement la gomme mie de pain et frottez-la délicatement pour retirer les tons au fusain et dessiner ainsi les reflets. Essuyez ensuite la gomme sur un morceau de papier propre.

5 Repassez les contours du personnage à la pointe du fusain de saule en les vérifiant sur votre modèle. Tracez des lignes discontinues autour du genou pour varier le contour et l'adapter à la répartition du poids de la silhouette.

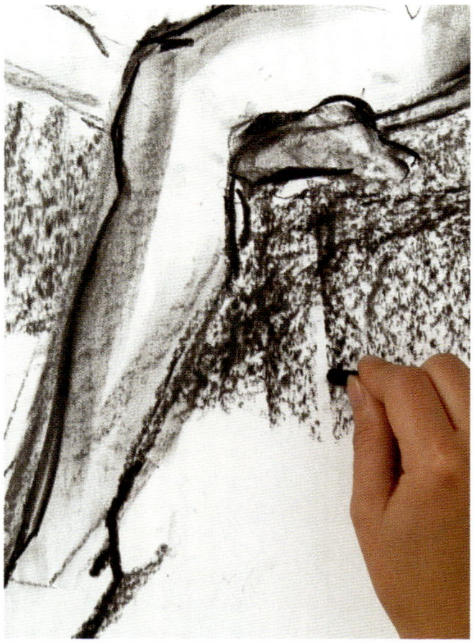

6 Travaillez le ton du siège afin d'ancrer le personnage. Utilisez la tranche du bâtonnet de fusain de saule et réalisez des marques légères et régulières, du haut vers le bas.

7 Ajoutez du ton pour souligner les muscles en l'estompant du doigt afin de l'adoucir. Les zones de ton sont liées les unes aux autres : en accentuant une zone, vous voyez quelle autre zone doit être renforcée.

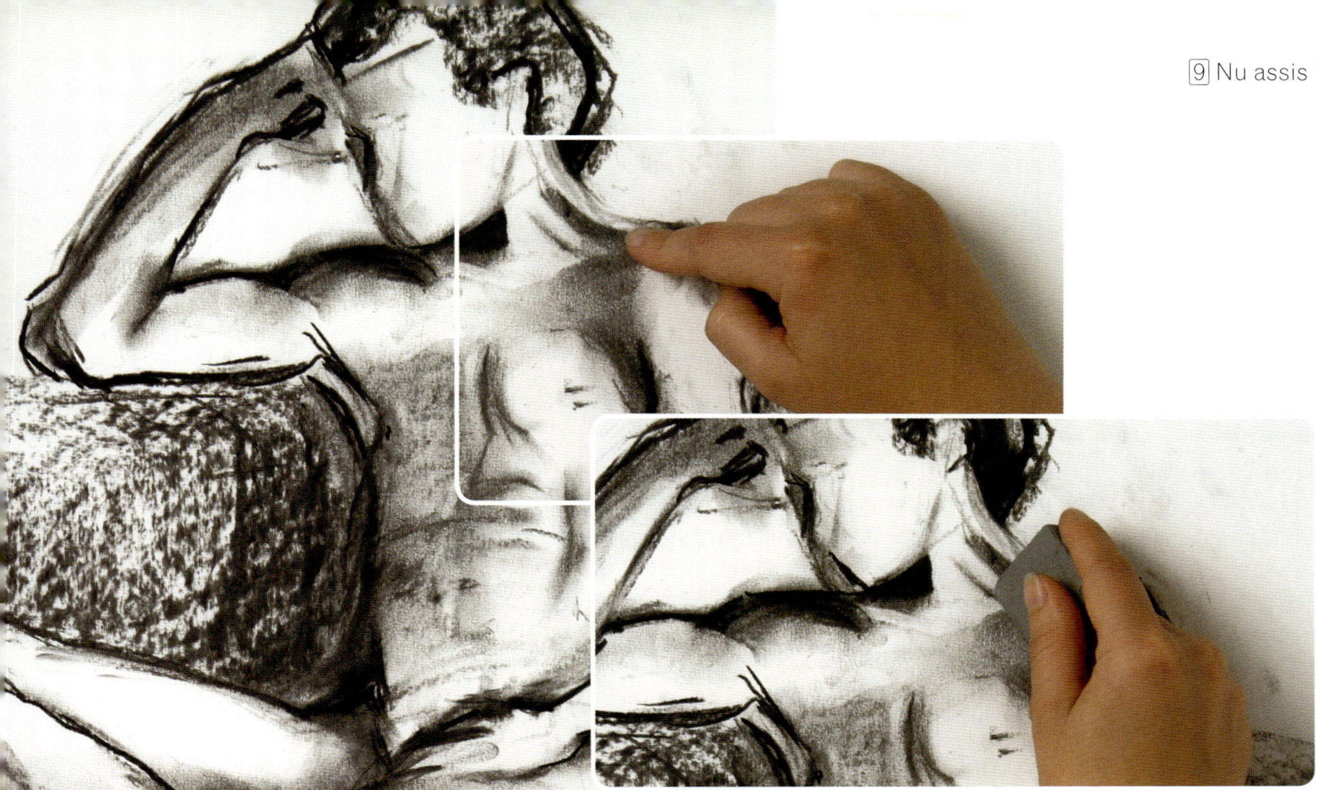

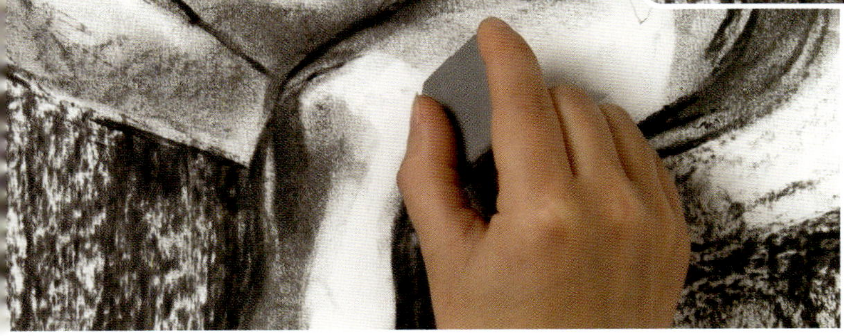

8 Mélangez du doigt de petites zones de ton. Faites apparaître des points et traînées de reflets avec le bord de la gomme mie de pain, préalablement réchauffée dans votre main. Dès qu'il est usé, pétrissez le coin pour reformer une pointe vous permettant de travailler avec précision.

9 Précisez les traits du visage à la pointe du bâtonnet de fusain de saule. En faisant varier la pression sur la gomme, créez un mélange de tons moyens et de reflets suggérant la texture des cheveux.

10 Utilisez le fusain comprimé, plus dense et plus noir que le fusain de saule, pour renforcer les zones de ton. Accentuer le contraste entre les tons clairs et foncés augmente la profondeur d'un dessin.

ÉCLAIRAGE LATÉRAL

La pose retenue pour ce dessin est fortement éclairée de côté. L'éclairage latéral crée des ombres profondes soulignant la musculature du corps lors d'une étude de nu.

11 À l'aide du fusain comprimé, tracez délicatement des lignes hachurées suivant les courbes de la jambe pliée et de l'épaule afin de donner du relief au dessin et d'accentuer les zones d'ombre les plus foncées.

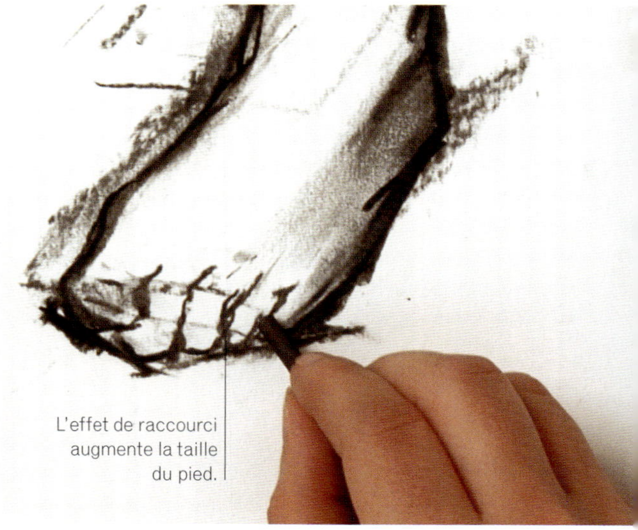

L'effet de raccourci augmente la taille du pied.

12 Peaufinez au fusain de saule les yeux, la bouche et le nez. Vous ne devez pas les détailler outre mesure, car les traits du visage doivent s'harmoniser au traitement général du corps et des membres.

13 Reculez pour évaluer votre dessin, puis ajoutez les touches finales telles que les lignes séparant les orteils du pied visible. Ancrez le pied sur le sol à l'aide d'une ombre estompée le long de son bord intérieur et derrière le talon.

▼ Nu assis

Cette pose a été choisie pour son équilibre de formes marquées et de tons clairs et foncés. Le fusain est ici idéal : vous pouvez utiliser sa pointe pour les traits, et sa tranche pour les tons, et créer des reflets à l'aide d'une gomme.

Couleur

« Choisissez bien vos couleurs afin de créer un dessin saisissant. »

Combinaisons de couleurs éclatantes

Pastels et crayons sont disponibles en de nombreuses couleurs car ils ne peuvent se mélanger avant application. Les dessins sont toutefois souvent plus réussis lorsque la palette de couleurs est restreinte. Utilisées judicieusement, les couleurs vives ressortent mieux. Comme pour la composition, ce que vous excluez a autant d'importance que ce que vous incluez. Les couleurs s'influencent mutuellement : leur combinaison doit donc présenter une unité. Aidez-vous du cercle chromatique pour trouver une harmonie.

COULEURS CHAUDES ET FROIDES

Les couleurs du soleil et du feu – à dominante de rouge, de jaune et de orange – sont définies comme chaudes. Elles s'opposent à celles de la mer et de la glace – à dominante de bleu et de vert – qui sont dites froides. Les couleurs chaudes semblent s'avancer dans un dessin, tandis que les couleurs froides paraissent s'y enfoncer. Connaître ces caractéristiques permet d'équilibrer la palette de couleurs et de suggérer la distance.

L'arrière-plan bleu, froid, s'éloigne visuellement du rouge.

Les bruns et verts du plan intermédiaire sont un mélange neutre de couleurs chaudes et froides.

Champ de coquelicots
La combinaison de couleurs chaudes et froides accentue la division des différents plans. Les coquelicots, rouges, semblent s'avancer. Les collines, bleues, s'effacent au loin, à l'image du ciel qui s'éloigne de nous.

UTILISATION DE COULEURS CONTRASTANTES

Chaque couleur du cercle chromatique (*voir* p. 36) s'oppose à une autre couleur. Les paires opposées – rouge et vert, bleu et orange, jaune et violet – sont des couleurs complémentaires. Un rouge ne peut pas être accentué, mais il peut paraître plus intense placé à côté d'un vert. L'association de couleurs complémentaires peut rendre un dessin plus saisissant.

Bleu et orange

Le plumage du martin-pêcheur est plus vif grâce au mariage du bleu et de l'orange, couleurs complémentaires.

Rouge et vert

Une rose rouge ressort mieux sur sa tige verte. Les teintes vives sont mises en valeur par les couleurs minérales et le vert prédominant.

Jaune et violet

Le jaune, appliqué par touches au premier plan, contraste avec le violet des montagnes, sa couleur complémentaire. L'utilisation de jaune dans le ciel et les vallées relie les différents plans.

Trees by water ▶

La couleur douce et intense de l’arbre et des plaques du sol fait ressortir le premier plan. Les touches de bleu de l’arbre font écho au bleu pâle froid des montagnes. *Barry Freeman*

▼ Study of plants

Des touches légères de couleur modifient le caractère d’un dessin majoritairement monochrome. Quelques bourgeons et pétales colorés permettent de suggérer une floraison délicate. *Lynne Misiewicz*

Danseuse ajustant son maillot ▶

Le pastel blanc et rose resplendit sur le ton moyen du papier et les traînées bleues du sol. Le contour noir confine les couleurs, et les tons sombres de la plinthe équilibrent le dessin. *Henri de Toulouse-Lautrec*

Country scene ▶

Le pastel tendre unifie les couleurs. L'estompage permet une distinction subtile du vert-bleu froid, du vert-jaune chaud et des ombres vertes plus foncées de la végétation. *Jennifer Mackay Windle*

▼ Pastel expressions

La palette restreinte de couleurs analogues concentre le regard sur la pose extatique et le visage très éclairé. *Mark Topham*

▲ Fleurs

La superposition de pastel confère aux fleurs l'intensité de pierres précieuses. Le pigment appliqué abondamment recouvre le papier. Les bords imprécis, débordant souvent des contours, accentuent le chatoiement des couleurs. *Odilon Redon*

10 Fleur exotique

Les fleurs sont un sujet idéal pour les palettes vives. Cette fleur solitaire produit une explosion de couleurs remplissant presque toute la feuille de papier. L'éventail pourtant restreint de pastels à l'huile produit un effet saisissant. Cette technique particulièrement souple pour le dessin en couleur peut s'appliquer de différentes manières pour varier les effets. Des couches peuvent être superposées, puis mélangées sur le papier ou grattées au scalpel pour peaufiner les détails.

MATÉRIEL

- Papier pastel mi-teinte texturé
- Fusain de saule
- Pastels à l'huile rose moyen, rose foncé, orange, marron, violet, violet profond, vert foncé, vert vif, vert pâle, noir, bleu vif et rouge profond
- Chiffon
- Scalpel

TECHNIQUES

- Superposition et mélange
- Combinaison de couleurs vives et sombres
- Grattage

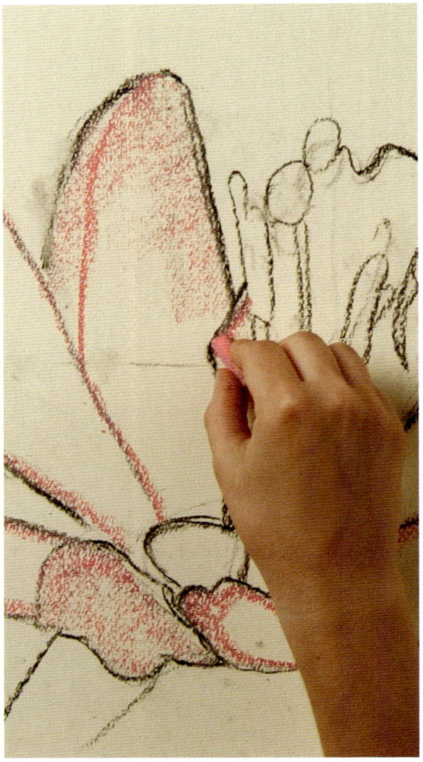

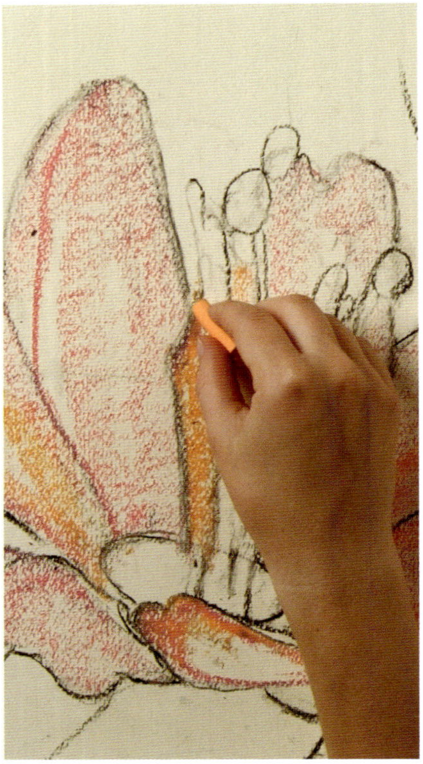

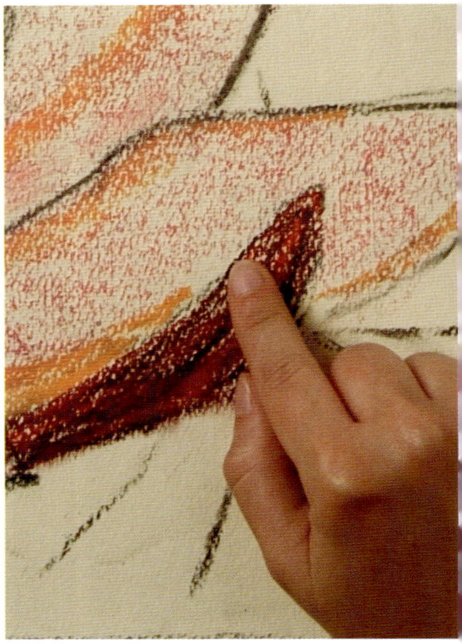

1 Esquissez les principaux contours de la fleur au fusain (*voir p. 111*). N'ayez pas peur de faire des traits épais ou de vous tromper, le fusain sera ensuite recouvert de pastel. Colorez les pétales en utilisant la tranche du pastel rose moyen.

2 Continuez à remplir ainsi les vastes zones de couleur de l'ensemble de la fleur. Utilisez de l'orange sur le rose moyen. Ces deux couleurs chaudes s'avanceront dans le dessin. Les bleus froids appliqués plus tard équilibreront l'ensemble.

3 Utilisez une teinte de rose plus foncée pour le dessous des pétales. Pour les assombrir, appliquez du marron par-dessus et mélangez du doigt les deux couleurs. Les principaux tons clairs et foncés de la fleur sont à présent posés.

ÉTAPES DU PROJET

4 Appliquez une légère couche de ton plus foncé violet, en suivant les courbes des pétales. Laissez transparaître la texture du papier par endroits pour faire ressortir les couleurs.

GRAMMAGE

Pour le pastel à l'huile, préférez un papier de grammage élevé, suffisamment texturé pour accepter la superposition des couleurs et le grattage.

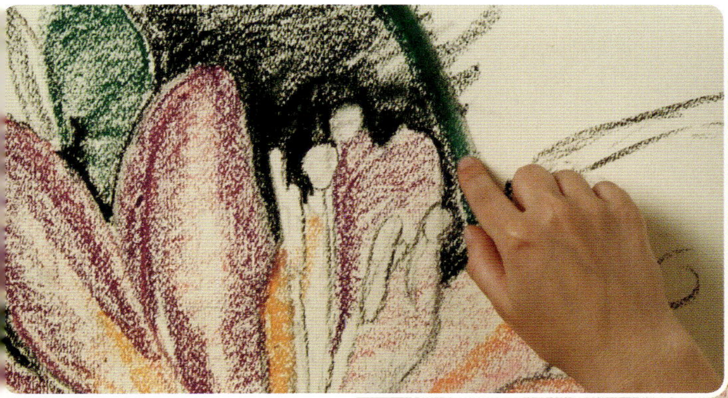

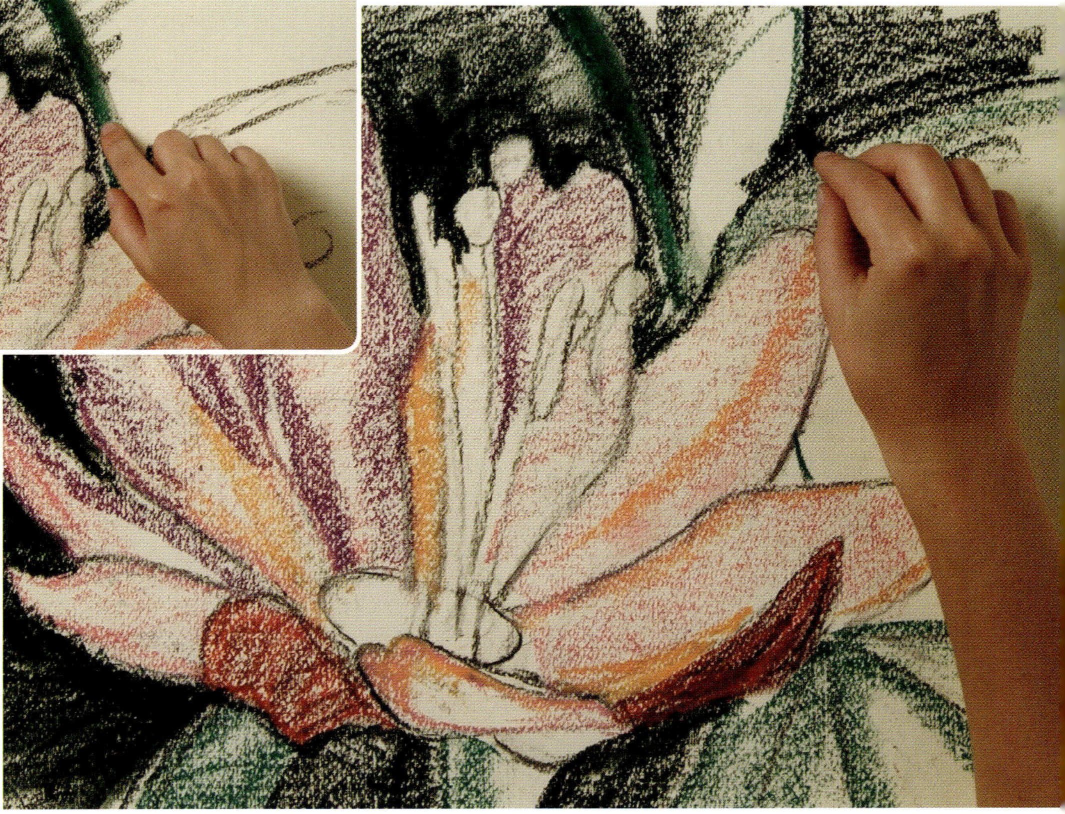

5 Remplissez de vert foncé les feuilles entourant la fleur. Avec le doigt, mélangez du vert foncé et du noir autour de la fleur et des feuilles, et soulignez les pétales de contours noirs. Le contraste des ombres avec les pétales vifs fait ressortir la fleur.

6 Revenez au cœur de la fleur et commencez à ajouter des touches vives sur le haut des étamines avec la pointe du pastel orange. Faites adhérer le pigment en exerçant une forte pression sur le pastel afin de masquer la texture du papier.

« Le pastel à l'huile est dense : frottez-le pour l'estomper. »

7 Continuez à travailler l'intérieur de la fleur en rose et vert. Puis colorez et détaillez les pétales avec le bleu vif. Une fois les couleurs principales en place, commencez à les mélanger et à les fondre ensemble en les frottant délicatement avec le doigt.

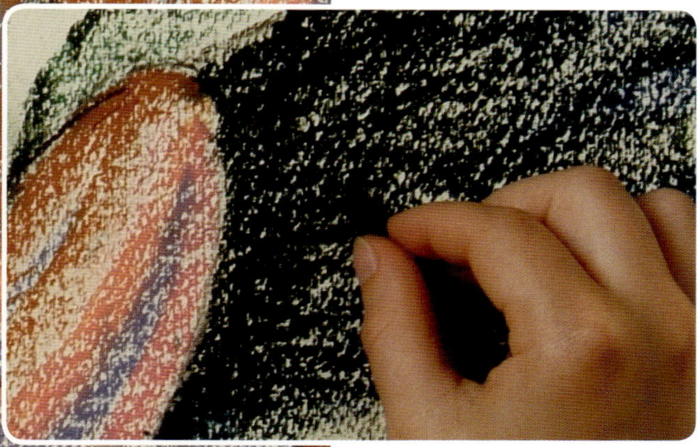

8 De la pointe du pastel violet profond, retravaillez les détails de la fleur masqués par les couches de couleurs mélangées. Toujours en violet profond, ajoutez une nouvelle couche de ton foncé pour accentuer l'arrière-plan.

9 Utilisez les couleurs de fond comme référence pour réaliser des couches plus épaisses en insistant sur les pastels. La densité de pigment renforce les couleurs, accentuant l'effet de profondeur du dessin et le contraste.

10 Appliquez du vert vif sur le vert foncé des feuilles et mélangez les deux couleurs avec le doigt. La texture du papier commence à disparaître à mesure que le pastel à l'huile pénètre dans le grain.

11 Mélangez les zones de couleur plus étendues à l'aide d'un chiffon propre ou de papier absorbant afin de produire une texture lisse et retirer l'excédent de couleur, avant d'appliquer, au besoin, une autre couche de pastel.

12 Rehaussez les bords des pétales de rouge profond et mélangez-les du doigt à la couleur voisine. Lavez-vous les mains avant de poursuivre le travail pour ne pas salir les couleurs.

GRATTAGE

Le scalpel est un outil très utile pour l'artiste. Si vous avez superposé plusieurs couches de pastel à l'huile, il vous faut gratter le pigment, en veillant à ne pas creuser le papier, pour pouvoir réaliser des reflets. Sinon, le pastel glissera sur les couches de pigment déjà appliquées.

13 Avec le bord plat du scalpel, grattez et révélez les couches sous-jacentes de pastel pour détailler les contours des pétales. Cette technique produit des marques linéaires très vives.

14 Avec le scalpel, retirez un peu de vert des boules surmontant les étamines pour découvrir le papier. Ajoutez ensuite du vert pâle pour créer des reflets. Enfin, appliquez du vert foncé sur l'arrière-plan autour des étamines pour renforcer le contraste avec les couleurs vives de la fleur.

▼ Fleur exotique

La technique du pastel à l'huile nécessite de l'assurance et de la spontanéité. Ici, c'est l'utilisation libre des couleurs dans une audacieuse composition qui confère au dessin tout son impact.

11 Étal de marché

Face à une alléchante variété de couleurs et de textures, comme sur cet étal de légumes, il est parfois difficile de savoir par où commencer. Ce dessin a pourtant été réalisé rapidement, sans hésitation. Des traits vigoureux de couleurs complémentaires ont été juxtaposés : rouge et vert, bleu et orange. Le crayon de couleur ne se mélangeant pas facilement, il doit être utilisé par traits. Ici, les coups de crayon ont été donnés dans plusieurs directions pour souligner le contraste des formes et textures des différents légumes.

MATÉRIEL

- Papier à dessin A3
- Crayon 2B
- Crayons de couleur chair, bleu foncé, orange, vert clair, vert foncé, terre d'ombre brûlée, gris clair, gris foncé, jaune, brun moyen, rouge clair, rouge foncé, prune foncé et orange foncé

TECHNIQUES

- Juxtaposition de couleurs complémentaires
- Hachures croisées bicolores

1 Esquissez légèrement les principales lignes de l'étal et l'arrière-plan au crayon 2B *(voir p. 115)*. Commencez à colorer le visage et les bras du commerçant par de délicats traits obliques de crayon chair.

2 Hachurez sa chemise de bleu foncé : variez la direction des traits pour en rendre la texture. Laissez transparaître le papier par endroits pour simuler les reflets. Hachurez les légumes, en utilisant de l'orange pour les carottes, et du vert, clair et foncé, pour les brocolis, les poireaux et les laitues.

ÉTAPES DU PROJET

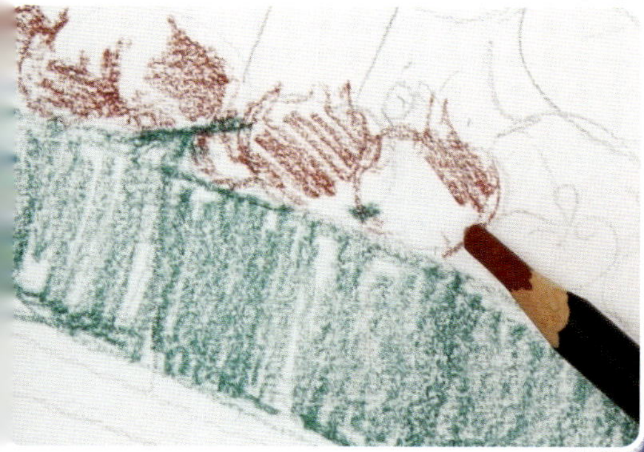

3 Réalisez de petites hachures en terre d'ombre brûlée pour les oignons rouges, et en orange pour les oranges situées derrière le commerçant. Veillez à ce que votre hachurage soit homogène pour conférer une unité au traitement des différents légumes.

4 Ombrez de traits horizontaux gris les cageots situés à l'arrière sur la gauche, puis de traits verticaux jaunes le panneau de l'étal derrière l'épaule du commerçant. Vous avez à présent terminé la première couche de ton du dessin.

5 Passez à la deuxième couche d'ombrage pour conférer davantage de vie à la scène. Ajoutez du ton par petits traits réguliers de brun moyen sur les zones d'ombre du visage. Appliquez le ton uniformément sur l'ensemble du dessin.

6 Par des hachures croisées de couleurs foncées et claires, définissez les ombres et formes des légumes. Superposez du vert foncé sur du brun, puis du rouge foncé sur du rouge clair faisant contraster les ombres et la lumière des radis.

7 Peaufinez les détails du visage en travaillant les sourcils et le creux des yeux à l'aide de gris foncé.

8 Utilisez le prune foncé pour ajouter des ombres aux radis. Ombrez en orange foncé le dessous des oranges empilées derrière le commerçant. Laissez transparaître le papier pour créer des reflets.

9 Suggérez les planches de bois par des traits discontinus de gris foncé, complétés de bleu foncé et de brun.

Étal de marché ▸

Dans ce dessin, les couleurs complémentaires sont juxtaposées, ce qui les fait paraître plus intenses. Les tons neutres de l'arrière-plan et les couleurs vives des légumes du premier plan produisent un fort contraste.

12 Jeune fille sur une plage

Une scène de plage estivale fournit un excellent sujet pour travailler les couleurs intenses sous l'éblouissante lumière naturelle. Le maillot et la serviette de plage fournissent des touches de couleurs vives contrastant avec les tons minéraux plus doux de la peau et du sable et les couleurs de la mer et du ciel. Les pastels secs tendres, faciles à mélanger, permettent de créer des tons. Leur application, comme ici, sur du papier foncé accentue le brillant des couleurs et produit une composition traduisant parfaitement la chaleur et l'éclat d'une fin d'après-midi.

MATÉRIEL

- Papier pastel de teinte foncée texturé A3
- Crayons pastel rose pâle et turquoise
- Pastels secs terre d'ombre naturelle, terre de Sienne brûlée, bleu clair, vert vif, terre de Sienne naturelle, violet foncé, outremer pâle, rose intense, lilas clair, bleu vif, lilas moyen, orange clair, vert lime, vert pomme, orange vif, rose pâle, brun foncé, turquoise, rouge vif, corail et bleu foncé

TECHNIQUES

- Mélange des pastels
- Juxtaposition de couleurs vives et minérales

1 Esquissez la composition (*voir p. 121*) à l'aide du crayon pastel rose pâle, en tenant compte du raccourci. Ajoutez des ombres légères : terre d'ombre naturelle pour le sol et terre de Sienne brûlée pour les tons plus chauds du corps.

2 Colorez la mer en bleu clair, en insistant pour recouvrir le grain du papier. Délimitez le rivage par une bande de vert v atténuée de terre d'ombre naturelle. Travaillez les tons clair du sable et de la peau à l'aide de terre de Sienne naturelle.

ÉTAPES DU PROJET

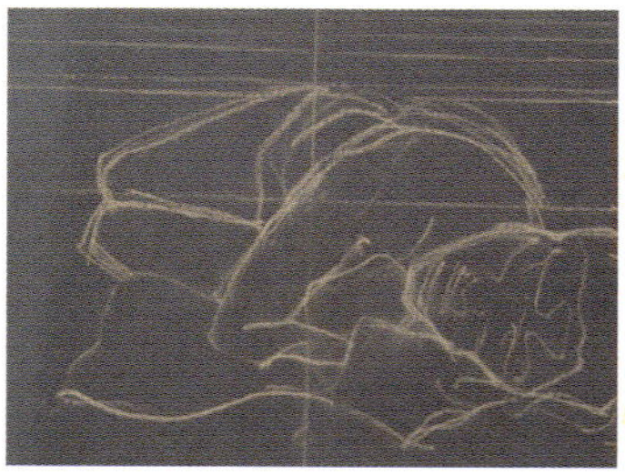
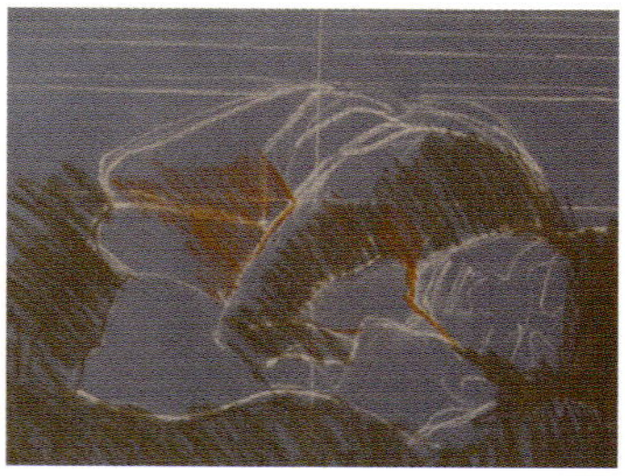

3 Ajoutez des détails suggérant les vagues se brisant sur la plage : tracez des lignes d'ombre violet foncé, juxtaposées à des lignes outremer pâle afin de recréer les ondulations de la surface de la mer.

4 Figurez grossièrement le maillot de bain à l'aide de rose intense, en appuyant fortement sur la pointe du pastel afin de bien recouvrir le papier. Cette petite tache de couleur vive et chaude ressortira parfaitement.

ATTÉNUATION DES COULEURS VIVES

La juxtaposition de couleurs chaudes vives et de tons minéraux plus profonds crée un effet saisissant, mais doit être utilisée avec parcimonie. Une couleur trop vive peut être atténuée par la superposition d'une fine couche de couleur minérale, telle que de la terre de Sienne naturelle, mélangée ou appliquée en frottis (léger voile).

5 Détaillez la serviette sous la cuisse avec le même rose. Ajoutez du lilas clair. Appliquez un mélange de bleu vif et d'outremer pâle sur la première rayure. Utilisez deux lilas sous la tête, en commençant par le plus clair.

6 Créez des reflets chauds orange vif sur la peau exposée au soleil. Estompez l'orange du doigt en suivant le bras, et mélangez-le à la couche de terre de Sienne naturelle. Ajoutez les pompons bleu vif de la serviette.

7 Appliquez des touches vives sur la serviette : orange clair, puis vert lime sur du vert pomme. Enfin, ajoutez une fine couche de terre d'ombre naturelle sur le bleu vif des pompons pour en atténuer la couleur.

8 Hachurez légèrement le corps et le visage de la jeune fille d'orange vif pour recréer la chaleur de la peau. Estompez délicatement les hachures du doigt pour obtenir un mélange uniforme de couleurs.

9 Appliquez du rose pâle sur le papier nu pour accentuer les zones de reflets vifs du corps et du visage. Sur le visage, faites-le déborder sur l'orange pour créer une gamme de tons, clair, foncé et moyen.

10 Réalisez un frottis (*voir p. 38*) de rose pâle sur l'arrière-plan. L'ajout de tons plus pâles produit un effet de distance et permet de relier les teintes pâles du dessin.

11 Ajoutez du brun foncé sous la tête et sur le pourtour des pompons. Utilisez la tranche des pastels terre de Sienne naturelle et turquoise pour les tons chauds à l'avant.

12 Reproduisez la lumière de la fin de journée en ajoutant des touches de rouge vif autour des yeux et de la bouche. Cette couleur chaude avance visuellement le visage.

13 Travaillez le corps au pastel brun foncé. Estompez les traits du doigt pour mélanger les couleurs et adoucir l'effet sur les courbes naturelles de la jeune fille.

14 Retravaillez au crayon pastel turquoise les détails masqués par les couches de couleurs mélangées. Le crayon offre une plus grande maîtrise et permet d'ajouter des détails sans affecter la couleur adjacente.

15 Ajoutez du bleu clair sur la peau pour produire un contraste froid. Réalisez ces reflets contrastant avec les zones les plus chaudes de ton brun pour simuler le caractère réfléchissant de la peau.

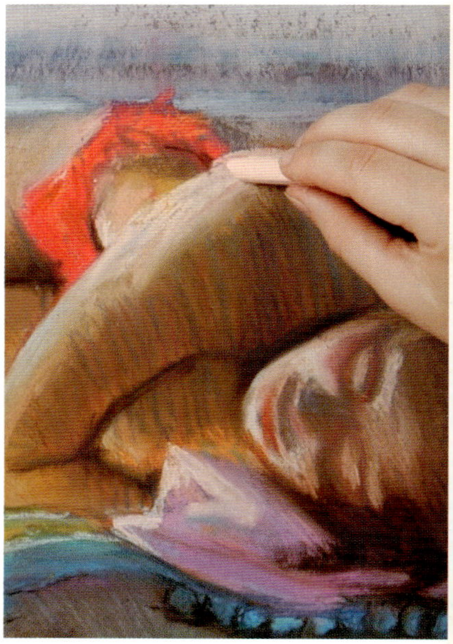

16 Atténuez les touches de rouge du visage à l'aide de terre d'ombre brûlée, puis ajoutez des traits corail sur le visage et le bras. Vérifiez sur le modèle l'effet général lors de l'ajout des derniers détails.

17 Atténuez les lignes brunes d'ombre entre les bras à l'aide de bleu foncé. Définissez l'épaule par des gribouillages terre de Sienne naturelle et bleu foncé. Utilisez ce bleu autour de l'épaule et sur le corps.

18 Utilisez le pastel rose pâle pour accentuer les reflets de l'épaule ainsi que les zones les plus claires du sable, au premier plan comme à l'arrière-plan, afin d'harmoniser les tons généraux de votre dessin.

19 Ajoutez une légère couche finale de terre de Sienne naturelle sur le premier plan. Mélangez-la par de délicats mouvements circulaires de la paume de la main. Ajoutez de longs traits fluides de pastel turquoise autour des genoux. Cette couleur froide les fera ressortir sur l'arrière-plan.

▼ Jeune fille sur une plage

Il s'agit d'un sujet idéal pour explorer l'utilisation des couleurs afin de créer un effet de perspective. Les couleurs froides, bleu et violet, font reculer la mer dans le dessin, tandis que les reflets rosés de la peau de la jeune fille font ressortir le corps.

Glossaire

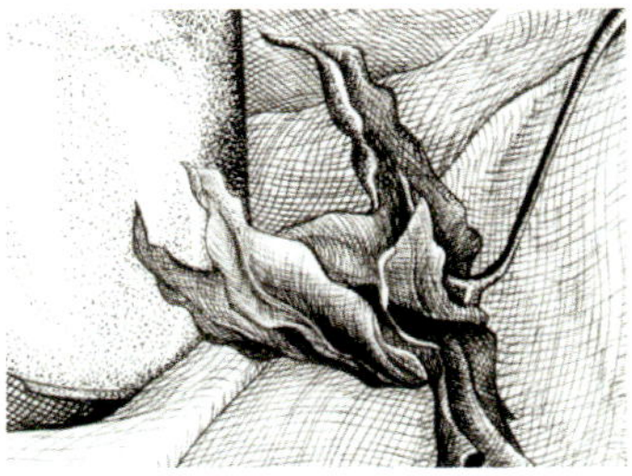

Angle de vue
Position à partir de laquelle l'artiste voit et dessine son sujet. Le déplacement latéral ou vertical de la hauteur d'œil fait varier l'angle de vue.

Bâtonnet Conté
À base de craie, il est à mi-chemin entre les pastels durs et tendres. Existe également sous forme de crayon.

Brillant
Caractère vif ou terne d'une couleur.

Centre d'intérêt
Partie d'une composition qui attire immédiatement l'œil.

Cercle chromatique
Outil visuel montrant la relation entre les différentes couleurs.

Composition
Agencement harmonieux des éléments et des espaces dans un dessin.

Couleur chaude
Rouge et couleurs du côté rouge du cercle chromatique, semblant s'avancer vers le spectateur.

Couleur froide
Bleu et couleurs du côté bleu du cercle chromatique, semblant s'éloigner du spectateur.

Couleur primaire
Les trois couleurs ne pouvant être obtenues à partir d'autres couleurs : rouge, jaune et bleu.

Couleur secondaire
Couleur résultant du mélange de deux couleurs primaires : orange (rouge et jaune), vert (jaune et bleu) et violet (bleu et rouge).

Couleurs analogues
Couleurs proches sur le cercle chromatique, comme le jaune et l'orange, qui s'harmonisent lorsqu'elles sont utilisées conjointement.

Couleurs complémentaires
Couleurs diamétralement opposées sur le cercle chromatique : jaune/violet, rouge/vert, bleu/orange. Juxtaposées, les couleurs complémentaires contrastent et paraissent plus vives.

Crayon de couleur
Bâtonnet à base de cire sous forme de crayon. Disponible en de nombreuses couleurs. Idéal pour les dessins linéaires au trait en couleur.

Dessin au trait
Dessin de contours, réalisé sans ton.

Ellipse
Ovale formé par un cercle aplati en perspective.

Espace négatif
Vide entre les objets. Un espace négatif est aussi important qu'une forme positive pour la composition. Dessiner les limites des espaces négatifs permet souvent d'améliorer le dessin en favorisant une observation minutieuse.

Feutre professionnel
Feutre doté d'une pointe rigide produisant un trait uniforme

quelle que soit la pression exercée. Il se désigne par la largeur de sa pointe, exprimée en millimètres. Largement utilisé par les architectes et les dessinateurs techniques, il est également utile aux artistes.

Fixatif
Résine liquide sous forme de spray qui fixe les produits ayant tendance à faire des traînées sur le papier, comme le fusain et le pastel. Le fixatif doit être appliqué à l'extérieur ou dans une pièce bien ventilée, d'un mouvement régulier, du haut vers le bas, à une distance d'environ 30 cm, sur le dessin tenu à la verticale. Une quantité excessive de fixatif ternit le dessin. Peut être remplacé par de la laque pour cheveux.

Format
Dimension et forme de la surface du dessin. Un rectangle en hauteur constitue un format portrait, un rectangle allongé, un format paysage.

Forme positive
Forme en contour créée par un objet.

Fusain
Brindille ou bâtonnet de bois calciné, notamment du saule. Idéal pour les esquisses.

Grain
Aspérités du papier texturé qui retiennent le produit qui y est appliqué. Les produits friables, tels que le fusain ou le pastel, doivent être utilisés sur du papier texturé.

Graphite
Mélange de carbone et d'argile utilisé dans les crayons. Les mines de graphite ne comprennent pas d'enveloppe en bois.

Hachures
Lignes parallèles utilisées pour l'ombrage. Les hachures curvilignes épousent la forme de l'objet.

Hachures croisées
Lignes parallèles entrecroisées créant du ton. Plus les lignes sont rapprochées, plus le ton est dense. Procédé convenant aux techniques linéaires (crayon et feutre). Avec des crayons de couleur, les hachures croisées bicolores créent un mélange optique.

Hauteur d'œil
Ligne imaginaire horizontale du dessin placée à la hauteur de l'œil de l'artiste. En perspective, les lignes horizontales situées au-dessus semblent pencher vers le bas, tandis que celles situées au-dessous paraissent pencher vers le haut. Elles convergent à la hauteur d'œil.

Liant
Cire (crayons de couleur), gomme (pastels secs) ou huile (pastels gras), qui permet aux particules de pigments d'adhérer les unes aux autres.

Ligne d'horizon
En perspective linéaire, ligne imaginaire située à hauteur d'œil et comprenant le point de fuite vers lequel convergent les lignes horizontales. La

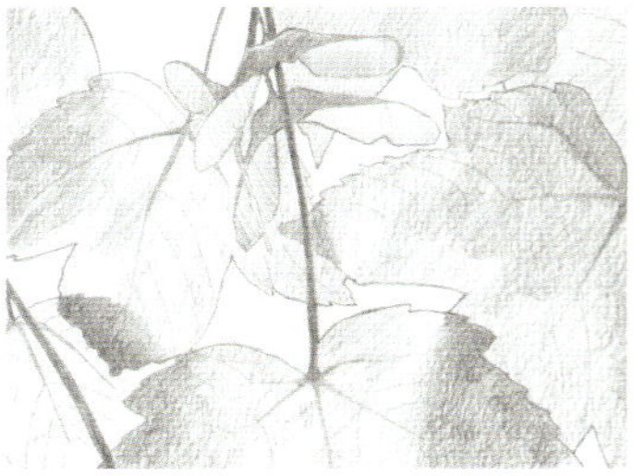

véritable ligne d'horizon, séparant le ciel de la terre, peut être au-dessous ou au-dessus de la hauteur d'œil.

Ligne de force
Ligne orientant le regard dans un dessin : un chemin, une route ou un élément moins tangible, tel qu'une ombre, un reflet ou un trait de crayon.

Mélange
Action de mélanger les couleurs (ou les tons) sur le papier afin qu'elles se fondent entre elles. Vous pouvez utiliser votre doigt, un colour shaper, une estompe (tortillon), un coton-tige, un chiffon, du papier absorbant ou une gomme. Fusain et pastel s'y prêtent bien.

Mesure
Action d'utiliser un crayon, par exemple, pour mesurer les dimensions relatives et dessiner les objets en respectant les différentes proportions. Vous devez tendre le bras, garder la tête immobile et fermer un œil pour obtenir des mesures cohérentes d'un même angle de vue. Cette méthode peut s'appliquer aux mesures des angles par rapport aux lignes verticales et horizontales.

Modelé
Utilisation de tons clairs et foncés suggérant le volume.

Monochrome
Dessin en noir et blanc avec des ombrages gris, par exemple, au fusain ou au crayon, ou dessin comportant une seule couleur.

Ombrage
Application de tons dans un dessin, notamment par variation de la pression sur le fusain, pour suggérer le volume.

Ombre
Projection sombre sur un objet ou par un objet, résultant d'une obstruction de la lumière.

Pastel
Outil de dessin en couleur dans lequel des pigments en poudre sont liés par de la gomme pour former des bâtonnets. Les pastels tendres, ou secs, sont friables. Les bâtonnets Conté sont plus durs. Les pastels à l'huile adhèrent au papier et sont plus proches de la peinture. Désigne également un dessin réalisé avec des pastels.

Perspective
Un dessin en perspective ressemble à une vue du monde réel, en trois dimensions, grâce à l'application du modelé, de la perspective linéaire et aérienne et du raccourci.

Perspective à deux points
En perspective linéaire, un objet, tel qu'un bâtiment, possède des bords verticaux parallèles au plan pictural, mais ses côtés sont vus d'un certain angle. Les lignes horizontales des côtés convergent alors vers deux points de fuite distincts situés sur la ligne d'horizon, à hauteur d'œil.

Perspective à un point
En perspective linéaire, les lignes parallèles sont perpendiculaires au plan pictural et se rencontrent au niveau d'un point de fuite situé sur l'horizon.

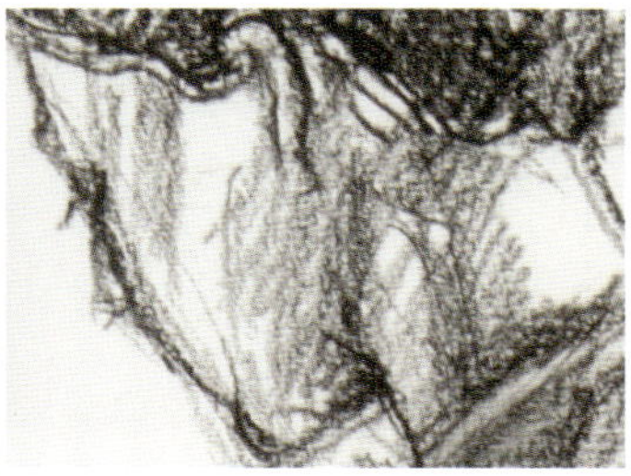

Perspective aérienne
Perspective où les objets du premier plan apparaissent plus foncés et plus détaillés que ceux de l'arrière-plan. En couleur, plus les objets sont éloignés, plus ils sont bleus et flous. Également appelée perspective atmosphérique.

Perspective linéaire
Méthode permettant de créer du relief sur une surface plane en faisant converger au loin les lignes parallèles, route ou rails, par exemple.

Pigment
Agent colorant utilisé dans les pastels, crayons de couleur et peintures. La plupart sont aujourd'hui synthétiques.

Plan pictural
Surface plane du dessin délimitant un espace imaginaire, comme une vitre contre laquelle s'appuierait le dessin.

Point de fuite
En perspective linéaire, point où convergent les lignes parallèles au loin.

Pointillage
Technique d'ombrage utilisant des points, plus ou moins serrés, et non des lignes ou des tons continus. Utile pour les outils linéaires tels que le feutre.

Raccourci
Effet de perspective où les formes rapetissent en s'éloignant. S'observe en particulier dans la déformation des proportions du corps des personnages. Cette technique permet de donner du relief aux objets.

Reflet
Zone la plus éclairée d'un objet. Peut être créé en faisant apparaître le blanc du papier.

Règle des tiers
Règle de composition d'après laquelle la surface du dessin est divisée en neuf carrés formant une grille. Le ou les centres d'intérêt sont placés aux intersections pour un impact optimal. Particulièrement utile pour les paysages.

Retrait
Suppression à l'aide d'une gomme du ton foncé au fusain ou au crayon de la surface du papier blanc afin de créer un reflet. La gomme devient un outil de dessin et ne sert plus uniquement à corriger les erreurs.

Support
Surface de travail d'un dessin, en général du papier.

Technique, ou outil
Matériel de dessin tel que fusain, feutre ou crayon.

Ton
Caractère clair ou foncé, indépendant de la couleur. Certaines couleurs possèdent un ton défini : le jaune, par exemple, est toujours clair.

Viseur
Outil aidant à déterminer le cadrage d'une composition. Vous pouvez en construire un avec deux morceaux de carton noir en forme de L.

Volume
Caractère solide d'un objet en trois dimensions.

Index

Remerciements

REMERCIEMENTS DE L'ÉDITEUR

Les Éditions Dorling Kindersley souhaitent remercier : Murdo Culver, Mandy Earey, Katie Eke, Karla Jennings, Simon Murrell, Lee Riches et Rachael Smith pour leur aide en matière de conception ; Caroline Hunt pour la relecture ; Dorothy Frame pour la compilation de l'index ; Lesley Grayson pour les recherches documentaires ; Simon Daley pour la maquette de la couverture ; Ian Garlick pour la photographie de couverture ; Sharon Spencer pour la conception de la couverture ; Amber Tokeley pour l'édition de la couverture ; Monica Pal pour les tâches administratives ; Jamie Brugos pour les poses.

CRÉDITS

Légende : h = haut, b = bas, g = gauche, d = droite, c = centre

P. 2 : Lindi Kirwin ; *p. 28 :* Lucy Watson ; *p. 29 :* Lynne Misiewicz ; *p. 32 :* Bryan Scott ; *p. 33 :* Lucy Watson (d) ; *p. 35 :* Lucy Watson (b) ; *p. 44 :* © Christie's Images Ltd (hd) ; © Alinari Archives/Corbis (bd) ; *p. 45 :* © Franklin McMahon/Corbis (b) ; *pp. 46-49 :* Rosie Morgan ; *pp. 50-53 :* Lynne Misiewicz ; *pp. 54-57 :* Liane Holey ; *p. 61 :* Lucy Watson (b) ; *p. 62 :* © Albright-Knox Art Gallery/Corbis (b) ; *p. 63 :* © Christie's Images Ltd (bd) ; *pp. 64-67 :* Lynne Misiewicz ; *pp. 68-73 :* Anita Taylor ; *pp. 74-79 :* Lynne Misiewicz ; *p. 84 :* © The Art Archive/University of Wesleyan Middletown USA/Album/Joseph Martin (h) ; *p. 85 :* © Burstein Collection/Corbis (h), © Historical Picture Archive/Corbis (bg), © The Art Archive (bd) ; *pp. 86-89 :* Mark Topham ; *pp. 90-93 :* Barry Freeman ; *pp. 94-99 :* Rosie Morgan ; *p. 104 :* © Christie's Images Ltd (bd) ; *p. 105 :* © Christie's Images/Corbis (cd) ; *pp. 106-111 :* Mark Topham ; *pp. 112-115 :* Barry Freeman ; *pp. 116-121 :* Ruth Geldard.